剣の法

Ken-no-Nori

前田英樹
Hideki Maeda

筑摩書房

剣の法【目次】

剣の法

本文写真撮影　古賀絵里子

まえがき

　この本は、新陰流の刀法を実技面からかなり詳しく書いたものである。けれども、技の解説書といったものではなく、この刀法が成り立つ根本原理を、誰が読んでもわかるように書いたつもりである。このような原理をつかんでいれば、流祖以来四百数十年にわたって続くこの刀法の中心は崩れないと思う。型を演じる動きの細部は、恣意や偶然や才の欠如や努力の足りなさからいろいろに変転しても、この刀法をまさにこのものにしている中心は、維持されるだろう。

　新陰流の刀法には、かなりたくさんの型があって、それらの型がこの流儀の本体になるが、そうしたものをただ形の上だけで伝えても、伝わる内容は、まるで伝言ゲームのように変わり、稽古する人たちの好み、性癖に従って、互いに似ても似つかない無数の「新陰流」が生まれ続けてしまう。

　この本で紹介している「十通りの太刀筋」は、新陰流刀法の根幹を支える最も単純な動きの骨組みを引き出し、分類したものである。疑う余地のない単純さ、思考の一貫性、相互の明晰な連関がここにはあることを、一般の読者には感じ取ってもらいたい。何のためにか。たぶん何千年の流れを持つだろう私たちの文明に潜在する原理を、この至って狭い身体操法の通路から知ってもらうためである。

日本と呼ばれる島々に、人々がいつから住むようになったか、むろん私には知るすべもない。晩年の柳田國男は、大陸の南岸から沖縄本島の東海岸を経由して日本の島々にやってきた人々の苦難と冒険を、鮮やかに描いた。彼らの移住の目的は、稲作に適した地を求めることにあったという。それは、単に生活上の食糧確保のためではなかった。籾種《もみだね》をたずさえて、次々にはるかな島々へと渡った人々には、米を作ること、できた米を祝って食べることへの信仰があった。柳田の言葉を使えば、この人々の暮らしの中心には「米の信仰的用途」があったのである。

年ごとに丹精した米を作り、感謝して五穀の恵みを受けていれば、人は何ものをも殺すことなく生きていくことができる。この事実が、彼らの信仰の根本だった。彼らは、人間が植物のように自然の内側を循環して生き続ける、そのような文明を、ほかでもない人間の道として選び取ろうとした。

私たちが住む島々に稲作が定着し、農具としての鉄器が完成する。この場所では、鉄器はひたすら農具であり、刀剣でさえ、五穀豊穣を祈る大切な神器だった。平安時代末期に〈日本刀〉と呼ばれる人類史上最高の刀剣、人造とも思えぬ鉄器が生まれたのは、まさにこのような信仰の土壌からである。日本の刀法は、それからさらに何百年の歳月を経て完成の域に達した。

私が、この本で「剣の法《のり》」と呼んでいるものは、この時代に至ってついに成立した日本刀による剣法の原理のことである。この原理は、日本刀を生み出した稲作民の信仰と切り離すことができず、その信仰によってだけ理解することのできる深さを持っている、そう言ってもいい。私の筆力が、また剣の技量が、その深さに遠く達していないことは、口にするのも愚かなことである。読者には、そこから来る当然の欠如は、想像で補って読んでもらいたい。

第一章 日本刀による兵法

一　なぜ〈日本刀〉は生まれたのか

日本刀とは何だったか

武器としての刀剣を、人類はいつ頃から持ち始めたのでしょうか。銅や鉄を自然界から取り出して道具に造り始めた時、人類が最初に作ったのは、この武器かもしれません。それ以前には、牙や角《つの》を材料にして造られた短剣や槍の穂先のようなものもあったでしょうから、銅や鉄は、何より刀剣類の素材として求められた可能性がある。それが、非常に大きな文明の変化を生んだわけです。

銅製の刀剣は、鋳造ですが、鉄で造るとなると鍛造しかありません。鋳型に流し込んで造られる銅剣は、同じものが短期間にたくさんできる。が、武器としての強度はあまりない。鉄素材を火に入れ、槌で叩き延ばし、折り返して形を整えていく鉄剣は、鋭利で強靭な武器ですが、造るのには、ひどく手間がかかります。結論として選ばれたのは、鉄製の刀剣でした。手間がかかり過ぎるところは、手を抜けばいいというわけで、需要に応じて粗悪な鉄剣もたくさん造られました。それでも銅剣よりは、だいぶ役に立ったからです。

鉄の道具を鍛造する日本の技術は、やはり中国大陸から朝鮮半島を経由して伝わってきたものでしょう。奈良の正倉院に伝わる天平時代の唐大刀《からたち》などは、そうやって渡来した技術の頂点を示しています。これらのなかには、大陸で造られて輸入されたものも、日本の工人が造ったものもある。でも、見分けはつかない。砂鉄を低温還元して不純物を取り去り、何度も折り返して鍛え上げられた刀身の地金には、細かく詰んだ板目状の肌が現われています。その美しさは、たとえようがありません。焼き入れを施された刃の部分には、白味を帯びた「沸《にえ》」が立ち、刃と地金との境目には、沸が集まってできる細いまっすぐな刃文《はもん》が引かれています。

このような「唐大刀」が、後の日本刀と大きく異なっているのは、その姿、造り込みだけです。大雑把に言うと「唐大刀」はまっすぐで、刃の部分はナイフのような切刃造《きりはづく》りになっている。日本刀は反りがあって、鎬《しのぎ》が付きます。鉄を鍛えて刀剣を造る技術は、大陸渡来のものを受け継いでいるのです。ところが、面白いことがある。大陸では、鍛刀の技術は、この後どんどん廃れていくのです。刀剣は、武器としての実用性があれば、そんなに入念な造りでなくてもいい。需要が増えれば、なおのことです。日本では、その逆で、中国から伝わった鍛刀の技術は、どこまでも窮められていくことになる。平安時代末期から鎌倉時代初期に完成された日本刀は、そうした追求から生まれてきたものです。

日本刀は、史上世界一の刃物であり、鉄製品だと言われますが、問題はそんなところにはないでしょう。刀剣を純粋な美術品として鑑賞している文化は、日本のほかにはありません。その鑑

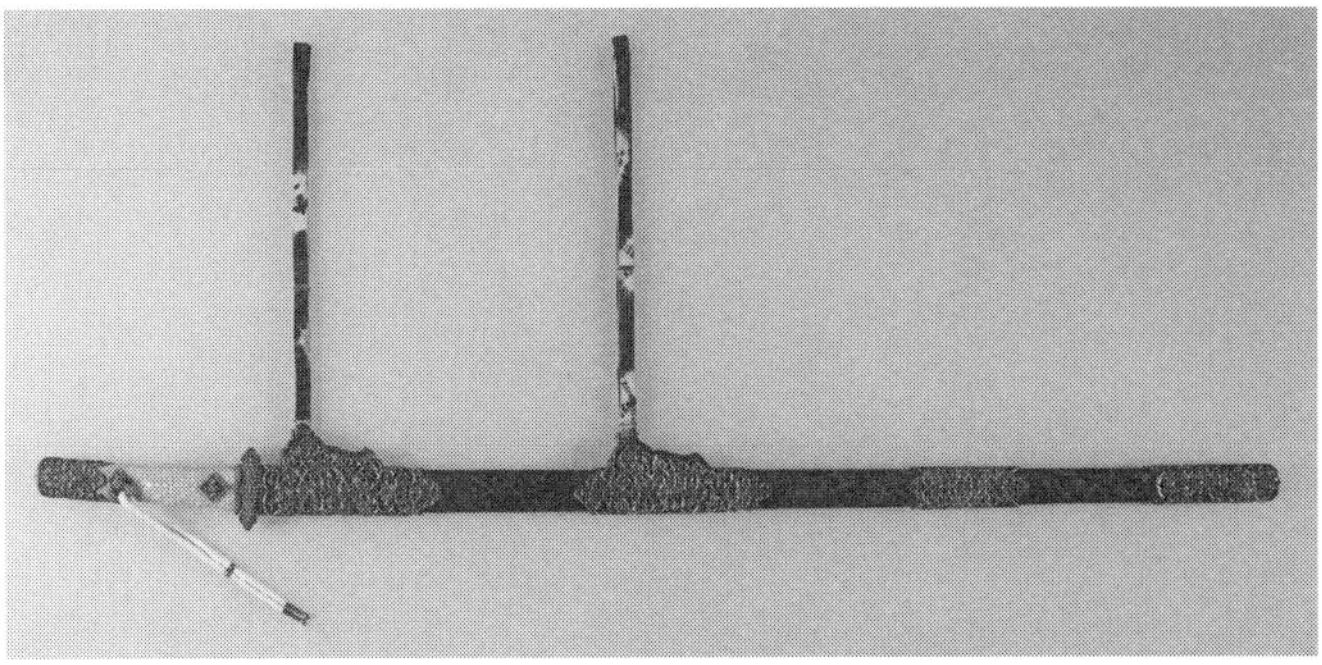

写真１　金銀鈿荘唐大刀（正倉院御物模造　東京国立博物館蔵）
TNM Image Archives

賞、鑑定の仕方は、江戸時代にはそれ自体がひとつの技芸になっていて、さまざまな秘伝があったくらいです。そこで定着した「見どころ」の分類法や言葉の表現は、驚くべき精緻に達しています。観る目はまた、造る技を育てます。その好循環は、日本刀のなかにますます多様な美しさを生み出していきました。

外国では、刀剣はこうした意味での美術品ではとうていありません。美術商が扱っても、それはせいぜい歴史的装飾品としての地位しか持っていない。尤も、「美術」とか「美術品」とかいう言葉は、明治時代に出来た翻訳語で、日本刀を〈観る目〉と〈造る技〉とは、こうした外来観念とはもちろん関係なく発達しました。では、日本人の歴史のなかで、日本刀とはいったい何だったのでしょう。

神器としての刀剣

刀は武士の魂、とは封建時代によく言われたところですが、日本刀の完成は、武士階級の成立よりずっと古いのです。もちろん、「武士道」などという言葉の成立よりもはるかに古い。『古事記』『日本書紀』で述べられている「三種の神器《じんぎ》」は、勾玉《まがたま》、鏡、剣です。天照大御神《あまてらすおおみかみ》が高天原《たかまのはら》から地上に天降《あまくだ》る孫、邇邇藝命《ににぎのみこと》に授けたものは、これら三つの「神器」とさらに「穂《いなほ》」でした。曲玉は生命の象《かたど》りでしょう。鏡は、そこに命《みこと》が自分の顔を映し出すためのものです。そうすれば、自分に似た大御神の顔を偲び、自分に託された願いを思い出すことができる。

剣は何のためにあるのでしょう。この剣は、命《みこと》が「神器」といっしょに授けられた「斎庭《ゆにわ》の穂《いなほ》」と関係があるように思われるのです。この剣が「草那藝劒《くさなぎのたち》」と呼ばれることからでも、その関係がわかる。草を薙《な》ぐとは、稲を刈ることです。「草那藝劒」は、稲を刈る農具に結びつくのではないでしょうか。『日本書紀』に書かれている「斎庭の穂」の神勅は、天上の神々が住むところに生える稲を、地上でも植えて育てよ、そうすれば地上は高天原と同じになるだろう、という意味のことを述べたものです。つまり、この神勅は、神さまからの稲作の依頼だと考えることができます。

稲穂から苗を育て、田に植え、また稲穂に実らせて米を収穫し、皆でそれを喜んで食べ、また苗を作る。食べたお米は排泄され、肥料になる。降った雨は田畑を潤し、蒸発して雲になり、また雨を降らせる。こうした循環による生産生活こそ、神の暮らしだという信仰が、最初の日本人《やまとびと》を作ったと言ってもいいでしょう。私たちの神話は、それを語っているのです。米を作り、みなでそれを祝って食べ、食べられることに感謝して暮らしていく限り、この地上に争いはない。殺戮も強奪も支配も要らない。

ですから、「三種の神器」のなかに剣があることは、それ自体が矛盾であるとも言えます。剣は殺戮の武器なのですから。けれども、私はこの矛盾のなかに、積極的に転換されたひとつの意味を感じます。「草那藝劍《くさなぎのたち》」は、『日本書紀』の注記に従えば、もとは「天叢雲劍《あめのむらくものつるぎ》」と呼ばれる武器でした。これが途中で名を変え、やがて「三種の神器」のなかに入ってくるわけです。武器としての剣は、農具の粋を表わす神器に変わる。農具の粋を表わす神器は、そのまま稲作民の暮らしの道徳や信仰を表わす器でもありました。

そういうわけで、鎌や鍬は日々の農具ですが、刀剣は何の道具でもない。簡単に言えば、農耕によって生きる人間の信仰心の支えとなるものです。刀剣は、日本では非常に古くから、そういうものとして扱われてきています。神社に刀剣を奉納したり、奉納された刀が御神体そのものになったり、子供が生まれると守り刀を造らせたり、娘が嫁いでいく時は「お嫁入り短刀」を持たせたりするのは、その現われです。

唐太刀から日本刀へ

日本の刀は、中国大陸や朝鮮半島の影響下で造られていた頃は、みな直刀でした。それが次第に反りのある、鎬《しのぎ》の高い、端正な切っ先を持った日本刀になっていきます。古代の直刀は武器にしか見えませんが、平安時代末期の反りのある堂々とした太刀は、何か意志や理想を持った一個の完成体のように見えます。古代の直刀は、どの長さでも同じで、まるで長い長い鉄剣を、たまたまその寸法で切り取ったというように見えます。日本刀は、違う。たとえば、二尺三寸の太刀は、まさにその長さで成り立つひとつの全体、ひとつの宇宙のようにして在るのです。そこに観られる張りつめて優美な均衡は、やはり稲作民の暮らしが持っている植物的な性質の秩序を表現するものではないでしょうか。

植物は、土に根を張り、光を浴び、光合成によって自分の体内に澱粉を生成します。こうして作られた澱粉が、動物界を養っている。植物は、自然の環境を敵に回しては、生きていけません。自然に従い、その流れに入り込みながら、絶え間なく自分の命を生み出していかなくてはなりません。稲作民の生き方は、動物よりもはるかに植物に近いものです。少なくとも、稲作をする人たちが稲を愛し育てていく仕方は、その人たちを稲の生育のなかに柔軟に入り込ませます。その人たちは、半ば稲のようになって生きる。実った稲穂のような日本刀の優美さは、こうした生命と深く係わりを持つように思われるのです。

もちろん、日本刀が武器として用いられた現実は、否定しようがありません。けれども、日本刀をその姿にしたものが、武器としての有用さだったかと言えば、それは違うと私は言いたいのです。「折れず、曲がらず、よく切れる」という日本刀の性能は、大昔から保証済みですが、それは一面的な評価に過ぎません。炭火で低温還元された山砂鉄を、純粋に、精微に、極限まで鍛え上げていく刀工の技は、それに注がれる心血は、刀剣に対する日本独特の信仰心を抜きにしては考えられないでしょう。そのようにして造り出される日本刀の在り方は、武器としての用をはるかに超えているのです。

ところで、平安時代末期に完成した日本刀の姿は、それ以前にあった剣技に大きな変化をもたらしたはずです。古代からの直刀は打つ、割る、突くといった動作に適していますが、長寸で腰《こし》反《ぞ》り高い平安時代末期の日本刀は、刀身を輪のように回して振り、引き切る動きに適しています。ここにはまず、動作体系の大きな違いがある。刀剣を変化させたものは剣技の変化なのか、剣技の変化をもたらしたものは刀剣の変化なのか、これは一概に言えない微妙な問題ですが、日本刀の出現期に限っては、刀剣の変化が先であったように思います。そう考えざるを得ないほど、この時期の変化は根本的であり、一気になされた開花なのです。

この開花には、刀剣をめぐっての、どれくらい続いたかわからない長い信仰の土壌が働いています。それは、狩猟を棄て、争いを棄て、武器を棄てていった稲作民の信仰です。その間に、武器であるはずの刀剣は、むしろどこまでもその精緻な美しさを高めて、神の社に鎮まるほどのものとなった。「草那《くさな》藝劒《ぎのたち》」についての神話は、このような歴史の進展を背景にしているのではないでしょうか。日本の刀剣が、それへの信仰にまさしく釣り合う〈神器〉の高さに達したのは、平安時代末期のことです。今は国宝になっている三条宗近や伯耆《ほうき》安綱らの太刀を見れば、そのことはたちまちに実感されます。刀工の技は、ついに神話の意味に追いついたのです。そこには、ひとつの神秘な跳躍がありました。

一挙に出現した〈日本刀〉は、たしかに神話の意味に追いついた。この時代、単なる武器としての刀剣は、まだ唐大刀《からたち》の姿をして流通していたでしょう。初め、〈日本刀〉は神社に奉納され、貴族の儀仗《ぎじょう》として佩用《はいよう》されるためのものだったかも知れません。そのうちに、これが戦で頻繁に使用されるようになる。剣技の体系は、直線的な打つ、割る、突く、を中心としたものから、曲線的な引き切りを中心としたものに変化していったでしょう。

けれども、剣技のこのような変化は、〈日本刀〉が達した高さに対して、まだあまりに不充分なものでしかありません。なぜなら、神器としての日本刀は、殺すことをやめた稲作民の暮らしの信仰を土壌として開花したものだからです。これを殺戮の道具として使用すること自体に、根本の矛盾がある。もし、この矛盾を乗り越える剣技というものがありうるとしたら、神の器である日本刀は、これの到来を待ち焦がれていることでしょう。

ところで、このような剣技の到来には、あと五百年ほどの時間が必要だったのです。

二　剣技が〈兵法〉となった時代

太刀打

高天原《たかまのはら》からもたらされた「三種の神器」のひとつ「草那藝剱《くさなぎのたち》」が、一体どんな姿の剣であるのか、これは私たちにはわからないわけですが、まったく倭《やまと》式のものであるとは考えにくいでしょう。鉄剣の製造技術は、半島経由で大陸から渡来したと考えられます。だから、それを用いる剣技も、まったく日本独自のものだったとは考えられない。この国最古の剣士と言ってもいい日本《やまと》武尊《たけるのみこと》の剣技も、おのずから大陸と共通の性質を多く持っていたはずです。隋、唐からの輸入文化が重んじられた飛鳥、白鳳、天平の時代には、武技の全体がますます大陸風の色合いを帯びていったことでしょう。

こうした剣技は、日本では一般に何と呼ばれていたか。『日本書紀』の崇神《すじん》天皇四十八年のくだりに、天皇の皇子、豊城命《とよきのみこと》が見た夢として「自《みづか》ら御諸《みもろ》山に登り、東に向きて、八廻《やたび》弄槍《ほこゆけ》し八廻《やたび》撃刀《たちかき》す」という言葉があります。命《みこと》が、山の上で東に向かって八回槍を突き出し、八回太刀を振ったという意味です。「撃刀」を「たちかき」と訓《よ》むことは書紀の註に「多知加伎」とあることからわかります。「たちかき」は、たぶん日本で剣技を呼ぶときの最も古い名前でしょう。

時代が下り、唐文化の影響が強い頃には、「撃剣」「撃刀」と漢文式に書いて「たちうち」と訓み、これが剣技を呼ぶ普通の名称になっていたようです。「たち」は、物を「断つ」ことを言います。剣で物を打って、断つことが「たちうち」です。この語は、やがて和文のなかで「太刀打」と書かれ、平安時代にはかなり一般化します。牛若丸が、鞍馬山で修業したことになっているのもこの「太刀打」でした。

「太刀打」の名称は長く続き、日本刀と呼ばれる独特の刀剣が、史上最高の水準に達した鎌倉初期にも、これを用いる技は「太刀打」と呼ばれていました。直刀の唐大刀《からたち》から、反りの深い日本刀の時代に移っても、この名称は変わらなかったのです。名称が変わってくるのは、室町時代中期になってからです。この時代において、剣技はにわかに「兵法《ひょうほう》」と呼ばれるようになります。この呼称に従うかのように、「剣法」「刀法」の名も並行して用いられるようになる。

これらの名称が用いられた時代は、日本の剣技に幾つかの「流儀」が発生し始めた時代です。「兵法」「剣法」「刀法」にある「法」の字は、これらの「流儀」の発生と大いに関係があります。剣技に「流儀」の別があることになったのは、その「流儀」が発明した「法」の違いによります。あるいは、剣技について定められた幾通りかの「法」が、複数の「流儀」の発生を促したのだとも言えるでしょう。

ひとつの「流儀」は、「法」と呼ばれる自律したひとつの剣技体系を持つようになったのです。

このような「法」と「流儀」の発生、分化は、室町時代中期から起こってきています。初めにあった「流儀」は、「念流」「新当流」「陰流」の三つと言っていいでしょう。剣の「法」は、この三つの「流儀」に分化して成り立ったのです。このような分化が起こる前には、何百年という「太刀打」の時代があった。三つの「流儀」へとついに分化するに至るような、まことに長い発酵期間があった。この期間こそは、平安時代末期に完成した日本刀が、それに応じる真の使用法の誕生を待ち焦がれていた期間のように、私には思われるわけです。

「兵法」としての剣技

何ごとによらず、世で言い慣わされる〈物の名〉は、その物の性質をよく表わしているものです。日本の剣技が「たちかき」「たちうち」と呼ばれていた最も古い時代には、大陸式の直刀をもって「断つ」こと、「打つ」ことが盛んに行なわれていたでしょう。それらの剣の形状を見れば、「突く」こともかなり頻繁に行なわれていたと思われます。

反りの深い、鎬《しのぎ》造りの日本刀が現われても、「たちうち」の名称は引き続きあった。けれども、その同じ名のもとで、剣技の変容は少しずつ、実に少しずつ果たされつつあったのではないでしょうか。そうした変容が、室町時代中期から末期にかけて、ついに沸点に達したとき、名は一気に別のものを求めて「兵法」「剣法」「刀法」へと変わった、そう考えることができます。

その後も、剣技の名称は変わっていきます。江戸時代になれば、次第に「剣術」という名が主流を占めるようになる。江戸末期から明治初期にかけては、大昔の「撃剣」という漢語が、「げっけん」という何やら厳めしい音読みで復活してきます。明治に廃刀令が出て、剣技に実用性がなくなってからは、「剣道」という言葉が主流を占めるようになってきます。これらの名称は、それぞれにその時代の剣技の性質を、ほんとうによく表わしている。このことは、あとでまた詳しく見ることにしましょう。

「兵法」「剣法」「刀法」という呼び名は、日本の剣技がその頂点に達したとき、広く捉えれば室町時代中期から江戸時代初期にかけて用いられていた。その後、日本の剣技は少しずつ偉大なものを失っていったと私は思います。「兵法」という語が、「剣術」といういささか気楽でへりくだった呼び名に変わっていったのは、そのためでしょう。「兵法」では、大き過ぎる。そもそも「兵法」の語は、軍略、軍法を指すことにこそふさわしく、刀剣の使用法、つまり「剣術」だけを指してそう呼ぶのは、誇大ではないか。そういう批判が、江戸時代になると時々なされるようになります。

けれども、剣技の体系を「兵法」と呼んだのは、単なる法螺《ほら》でも大風呂敷でもありません。そもそも、ここで言う「兵」とは武器のことであって、軍のことではない。「兵法」は、武器を用いる「法」という意味なのです。その武器を、刀剣をもって代表させるとき、剣技は「兵法」と呼ばれる。

いや、代表させる、という言い方は、まだ正確ではないでしょう。あらゆる武器の根元に日本刀を置く、と言ったらもっと近いかもしれません。したがって、あらゆる武技の根元に日本刀の使用法があることになった。剣技を学ぶことは、単に日本刀の使用法を学ぶことではなく、武技全般を貫くひとつの「法」を学ぶことになったわけです。

その頃の武技には、どんなものがあったでしょう。剣技のほかに、弓、馬、槍、薙刀、棒、十手、柔、捕縛、水泳、鉄砲などがありました。「兵法」としての剣技は、これらを貫くひとつの「法」を与えることができる。剣技を「兵法」と呼んだ時代には、少なくともそういった理は、多くの兵法者によく捉えられていたでしょう。それは、体を動かす具体的な「法」を通してはっきりと把握されていたのであって、口先の理想論で言われていたのでは決してありません。「兵法」という語のこのような意味は、たとえば宮本武蔵の『五輪書』が実にはっきりと説いています。

心身を神に近づける

しかし、「兵法」としての剣技が百般の武技を導く、という考えは、江戸中期ともなれば何のことだかよくわからなくなってきます。その時期は、「剣術」という語が剣技を指す名の主流となってくる時代に一致しているのです。防具を着けて、竹刀で好きなように叩き合うことが稽古の中心になると、このことはいよいよ極まってきます。こういう稽古には、「流儀」など必要ありません。「流儀」が定める動きの「型」は、竹刀で叩き合うためにはかえってうるさく、邪魔なものに思えてくる。日本刀という〈神の器〉が求めた剣技は、このようにしてその本性を失っていくのです。

前節で述べたように、日本刀という精錬を尽くした美しい武器は、刀剣を「神器」のひとつとした稲作文明の長い歴史から生まれています。刀剣は勾玉や鏡と同じく、御神体そのものとして祭られることができる。これを仏神崇拝などと呼んでも、ここにある大きな信仰心の意味は何ひとつわかりません。

天照大御神《あまてらすおおみかみ》が、高天原《たかまのはら》から地上に降りる孫に託した三つの神器のうち、玉と鏡とは、高天原と地上との永遠の絆を保証するものです。玉は、神々の命の形そのものでしょう。鏡は、地上の天《すめ》御孫《みま》がそれを覗いて自分の顔を見るためにある。見れば、よく似た祖母のなつかしい顔がそこに映っている。剣は、鉄器の精髄を示すものです。それは、稲作生活を守る武器であると同時に、稲作を可能にさせる農具の精髄でもあります。

ここで、「撃刀《たちかき》」という語が文献中最初に見られる『日本書紀』「崇神天皇四十八年」のくだりを、もう一度想い起こしてみましょう。国の制定に苦心していたこの天皇には、二人の皇子《みこ》がいました。一人は兄の豊城命《とよきのみこと》、もう一人は弟の活目尊《いくめのみこと》です。天皇はこの二人のうち誰を後継者（日《ひ》嗣《つぎ》の皇子）とすべきかに迷い、夢占いによって決めることにします。二人が見た夢をそれぞれに報告させ、それによって後継ぎを決めるのです。二人は沐浴して身を清め、熱心に祈りをした後、寝に就きます。兄が見た夢は、御諸山に登って八回槍を突き、八回刀を振る、というものでした。

弟が見た夢は、御諸山の嶺に登って四方に縄を引き、粟《あわ》を食べにくる雀を追い払う、というものでした。父は、弟を後継ぎとすることを直ちに決めます。兄は東《あずま》の国（今の関東地方）を平定し、その地を治めるがよいと。

兄の夢は、槍や刀を用いた東国の武力鎮圧を暗に示しているのでしょう。東国には、そういう闘いを挑む狩猟の民がいたものと思われます。弟の夢は、稲作生活による大和の統治を暗に示しています。統治と言っても、これは支配ではない、暮らしの正しい仕組みを作って、国の成り立ちを根底から平和な、穏やかなものにする〈道〉を敷くことです。この仕事は、高天原の神さまたちから委ねられている。

この時も、神器としての〈剣〉は、兄弟の二つの役割に言わば分岐して存在しているのです。その役割のひとつは、東国に赴く兄が帯びた武器であり、もうひとつは、日嗣《ひつぎ》の皇子となる弟に託された農具だと言えます。〈剣〉が神器であることの正統な意味を受け継いでいるのは、弟だというわけでしょう。もちろん、これは神話です。けれども、このような神話を産み、伝え、一心に生きた稲作民の暮らしは、神話ではありません。

平安時代末期に現われた日本刀は、そういう暮らしの願いや信仰から、ついに現実のものとなった神の器です。そのあと、五百年の時を経て、室町時代中期以降に現われてきた「兵法」「剣法」「刀法」は、神の器としての日本刀の使用法を、身体操法の大きな革新と共に打ち立てるものだったと言えるでしょう。

この時に到来したのは、単に刀剣の新しい用い方といったようなものではありません。それならば、「兵法」と呼ぶことは、確かに誇大です。「兵法」は、神の器としての刀剣が、それを用いる人々の心身を、神に近づける「法」だと言ったほうがはるかにいい。ここでは、人は刀を用いるというよりも、むしろ神の器である刀に用いられるのです。用いられるような心身を、新たに創り出すことが「兵法」なのです。

この創造は、まさに日本中が血で血を洗う内戦のただなかに在った時に為されました。これは、驚くべきことです。が、また同時に、未曾有の戦国時代というこの環境の外では、起こり得なかった事件のようにも思われてくるのです。次節では、この創造の内容を、もっと具体的にお話ししましょう。

三　片手太刀から両手太刀へ

「打刀拵」の出現

一般的には必ず言えることですが、刀剣類を手にして闘う場合は、両手で持つよりも片手で持つほうがはるかに有利なのです。このことは、誰にでも本能的にわかります。非常に重くて長い刀剣を使うのでない限り、両手で刃物を持って闘うのには恐怖心が伴うものです。まず、自分の体を、それだけ多く相手にさらすことになりますから。また打つ時も突く時も、片手の時より剣先が伸びない。だいたい自分の肩幅の分くらい伸びなくなります。私が子供の頃、チャンバラごっこが得意な子は、みなすでにこのことを経験でよく知っていました。

古代の直刀に付くいろいろな拵《こしらえ》（外装）を見ると、その柄《つか》はかなり短くて、片手以外では決して扱えません。日本刀出現以前の「太刀打《たちうち》」の技は、疑いなくみな片手で行なわれたのです。日本刀出現以後から室町中期くらいまでの「太刀拵《たちこしらえ》」を見ると、その柄は、ある程度長くはあるけれども、中程から後端にかけて峰の方（刃と反対側）に大きく反っている。これでは、片手でしか持てません。前節で述べたように、この頃もまだ剣技の全体は「太刀打」と呼ばれていました。

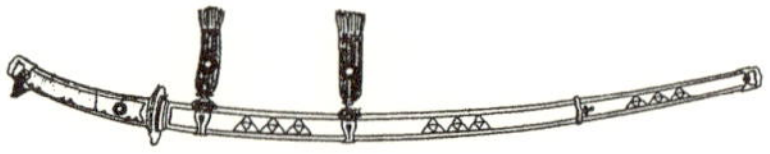

図１　太刀拵

図２　打刀拵

「太刀打」と呼ばれる技は、太刀を片手で扱う剣技のことだったのです。

室町中期から一般化してきた「打刀拵《うちかたなこしらえ》」は、刀を両手で持つことを想定した柄になっています。日本刀の外装は、この頃から劇的な変化を遂げていきます。その変化は、剣技のなかに起こってきた大きな変化と一致しています。「太刀打」という名称が「兵法」「剣法」「刀法」に変わっていくのは、この「打刀拵」の出現とほぼ一致していると言ってもいいでしょう。

太刀拵とは、これを帯びる時、刃を下に向けて、帯から太刀を吊り下げるようにする拵のことです。世界的に見て、刀剣を身に着ける仕方は、これが普通のものです。打刀拵は、刃を上にして直接帯に鞘《さや》を差します。一般に、太刀拵に入った刀剣を「太刀」と呼び、打刀拵に入った刀剣を「刀《かたな》」と呼びます。太刀拵に入った「太刀」が、そのまま打刀拵のなかに移されれば「刀」と呼んでいいでしょう。太刀拵の刀剣を身に着けることを「太刀を佩《は》く」と言い、打刀拵の刀剣を身に着けることを「刀を差す」と言います。

室町時代に打刀拵が生まれてきたのは、戦国乱世の影響だと言われています。太刀の着脱が面倒で、走り回ったり、咄嗟に抜き打ったりするのに不利な太刀拵は、次第に儀仗《ぎじょう》用のものに後退

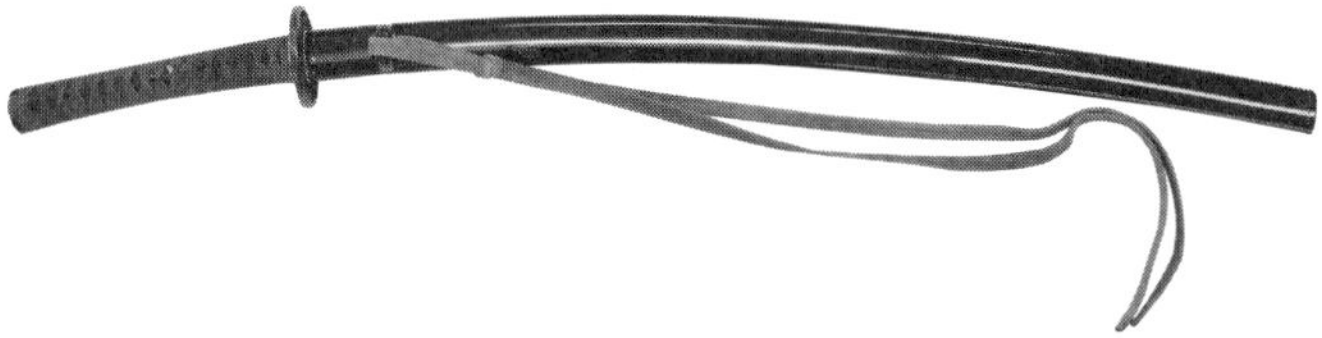

写真2　著者佩用の打刀。刀身は鎌倉後期の無銘（伝西蓮）
刃長二尺三寸九分半、反り八分

していった、というわけです。たしかに、帯に直接差す打刀拵は、着脱も便利だし、落とし差し（腹の脇に沿って急角度で差すやり方）にすれば混雑したところを走り回るのにも邪魔にならず、打刀を鞘から抜き打つ速さ、自在さは、太刀の比ではないでしょう。この形式は、戦国時代が求めたものだと言える。

けれども、それだけでは説明のつかないところもあります。刃長二尺以上の長い刀を、刃を上に向けて直接帯に差す方式は、多分日本以外ではあまり例がないのではないでしょうか。「佩く」のではなく「差す」、これは明らかに、刀を自分の身の一部分として常用する時の態勢です。この時の、己と刀との一体感は、武士にとって極めて大事なもの、求められていたものだったと思います。こうした一体感は、一方では戦国乱世の明け暮れが必要としたものと言える、が、他方では日本刀に対する日本人の信仰心のようなものに根を持っているとも言えるでしょう。

しかも、この時、剣技は柄を両手で持って行なう方向に転換しつつあった。刀を両手で持つとは、刀と身がひとつになって働くことを理想とすることです。理想とする、というのは、現実の身の危険を越えてそうする、眼先の有利不利を越えてそうする、という意味です。そういう理想や意志が燃え上がらなければ、世界に類例のないあの両手太刀の「兵法」は、生まれはしなかったと、私は信じています。

両手太刀操法の誕生――刀身一如

「太刀打」の技が「兵法」と呼ばれるようになった時期と、打刀拵が生まれ、両手太刀の剣技が定着してきた時期とは、同じだと言えるでしょう。これは偶然の符合などではありません。剣技についての戦国時代の同じひとつの理想が、打刀拵と両手太刀操法を生み、剣技を「兵法」と呼ばせたのではないでしょうか。そして、この理想は、平安時代末期にすでに頂点を極めていた日本刀への信頼、愛着、信仰から生まれてきています。

片手で剣を使う技は、自分の身を剣の後ろに隠して、剣を単なる道具として手先で操る。甚だしい場合は、左手に盾を持って身を守り、腰を引き、右手の剣で狡猾に相手を斃《たお》すのです。普通の日本人なら、こういう剣技に何か見苦しい振る舞い、卑怯未練な自己防衛を感じるのではないでしょうか。まあ、感じなければ仕方ありませんが、少なくとも、武士の「兵法」は、その反対側にあります。我が身を守らず、胸を開いてすっくと立ち、刀身一如《とうしんいちにょ》となって動くことを良しとします。両手太刀の剣技は、そのことを可能にさせるのです。

もっとも刀身一如という感覚は、太刀拵に入った反りのある日本刀が片手で用いられていた太《た》刀打《ちうち》時代にも、はっきり芽生えていたと思われます。直刀は打つ、叩く、突くという動きを引き出しますが、反りのある太刀は、それを輪のように回して切る、時に〈引き〉の方向が入った切りを自然に引き出します。この切りは、太刀の重みを利用した、切れ目のない襷がけの旋回運動になるほど威力を増します。この旋回は、腕全体を使った柔らかい振りと、左右への体の開きとがまったく一致している時、完全になります。切りは上から下ばかりでなく、下から上への撥ね上げも当然含んでいます。この技に真から熟達した人は、手ごわい相手でしょう。

もちろん、反りのある刀剣は、日本刀だけではありません、西洋にも、中東にも、中国大陸にも、いろいろなところにある。けれども、面白い点がひとつあって、日本刀以外で反りを持つ刀剣は、その柄先がみな刃の方に向けて、下に反っているのです。日本刀の太刀拵は、こんなことはない。拵の全体が、鞘の鐺《こじり》から柄先の兜金《かぶとがね》まで、まるで輪の一部分のように反っている。これは、何を意味しているでしょうか。

答えは簡単です。柄先が下方に反っている刀剣は、手首の曲げ（いわゆるスナップ）を効かせて切ることに有利なのです。腕で刀を振り、さらに手首の関節を下方に曲げて切りつける。その時、柄の頭が手の平や腕の邪魔にならないようになっている。手首の曲げで振りに勢いをつけるというわけでしょう。テニスでも何でも、手に道具を持って行なう世界のスポーツで、手首のスナップを使わない競技はまずありません。スナップの活用は、本能が要求するところと言ってもいい。

日本刀の古い太刀拵の柄を見ると、そのような振り方は明らかにむずかしい、あるいは排除されている。したがって、手首の曲げは用いないで、肩から拳までの腕全体の振りと左右への体の開きで太刀を動かす。この場合、腕の振りと、体の動きはいつも一致している必要があります。そうしないと、勢いがまるで出ない。しかし、この一致が正確に成り立つ場合には、太刀は不思議な速さ、強さ、そして柔らかさを持つようになります。その動きは、本能的なスナップ切りよりもはるかに恐ろしいのです。

手首の曲げを活用する剣技は、多かれ少なかれ、刀剣を単なる道具として扱う剣技です。そして、世界のほとんどの剣技はそういうものになっている。日本でも、古代の直刀が用いられていた時代は、たぶんまだそうだったでしょう。反りのある日本刀が生まれ、それに見事な太刀拵が付くようになると、剣技の性質は次第に変わっていった。私はそんなふうに想像します。〈刀身一如〉という理想が、日本刀への深い信頼と共に育っていった。我が身が太刀を操るのではなく、太刀が我が身を動かす、そういう次元の感覚が剣技を組織づけていったのではないでしょうか。また、ここで養われた感覚が、戦国時代後半の両手太刀操法を準備したのではないでしょうか。

刀身一如の理想——片手太刀の限界を破る

太刀が我が身を動かす、という感覚は、研がれていくほど深い一種の喜びを術者に与えます。この喜びは、さらに高まって不敗の信念まで行くかも知れない。このような信念は、日本刀への崇敬の念と一体になっている。信じる太刀とどこまでひとつに成りきれるか。どの高さまで、そのことを達成できるか。ここに、戦国期の「兵法」が生まれるための最初の問いがあったのです。

他の武器とは違い、日本刀はなぜ崇敬され、信仰の対象にまでなったのかを思い出してみましょう。刀剣を神器とする日本では、太刀、刀は殺傷の道具ではなく、鉄器の精髄であり、農具の理念《イデー》でした。ですから、武の英雄だった日本 武 尊《やまとたけるのみこと》は、「草那藝劒《くさなぎのたち》」の佩用《はいよう》と共に農の英雄に変貌したと言ってもいいのです。この尊《みこと》こそは、戦国武士たちが望んだ「兵法者」の起源であり、彼らの日本刀への崇敬は、その元をたどれば日本武尊伝説へと行き着くように思われるのです。

神器としての刀と一体になる。それに動かされ、その動きのなかに我が身を消すような存在となる。そのような剣技は、不敗にして無殺戮であることを、何らかの仕方で可能にさせるのではないか。刀剣を神器として崇敬する日本の剣技には、もともとこのような強い希《ねが》いが内在していたと、私は思います。まずは、日本刀の出現が、その希いを現実のものにしていきます。それに伴って、剣技の性質は内側から少しずつ変わっていったに違いありません。片手太刀の「太刀《たち》打《うち》」は、刀身一如の運動体系を次第に形成していく。

室町後期に出現してきた両手太刀の「兵法」は、刀身一如の理想が、片手太刀の限界を破って現われてきたものにほかなりません。その破り方に前節で述べたような三つの「流儀」、すなわち念流、新当流、陰流があった。剣法史の源流発生だけをごく簡潔に述べれば、そのようなことになるでしょう。

片手太刀は、刀身一如の理想を実現する上で、どのような限界、あるいは不都合を持っていたでしょうか。刀と身とを繋ぐ接点は、手しかありません。刀身一如の理想を実現する上で、この接点の在り方ほど大切なものはない。これを、日本の剣法では「手の内」と呼びます。「手の内」とは、単に柄の握り方のことではありません。我が身の全体が、またその動きの一切が、言わば内側から刀に接続されている極めて微妙な手の在り方のことを言うのです。

この「手の内」が、片手太刀の剣技では、充分なものになりがたい。体全体の重力と動きとを吸収して、それを刀の振りに直接通わせるのに充分な強さと安定性とを持たないのです。体を刀に繋ぐ接点は、つまり「手の内」は、一つではなく、二つになる必要がある。そのような接点を得るためには、我が身を敵の剣から守らない、という前提を、新しい剣技は大胆に立ててみなくてはなりませんでした。刀身一如の理想は、このようにして最初の限界を一気に破ろうとしたのです。

四　〈反発〉の原理から抜ける

日常動作に沁みこんだ〈反発〉の原理

日本刀への信仰心が、稲作民の最も古い神話に由来することは、すでに述べましたが、そこから育った刀法が、〈刀身一如〉を理想としたことは、そうした信仰心が、いかに通り一遍のものでなかったかを示しているでしょう。室町中期から兵法者たちが目指した〈刀身一如〉とは、単に刀と身がひとつになって動く、という意味にはとどまっていません。刀の運動に身体が消し取られる、という感覚にまで達しなければ、この言葉に託された兵法の理想はわからないのです。〈刀身一如〉と成りきった時には、いったい何が起こるのでしょう。まず、刀を持つ身体の動きから、〈反発〉が消えます。〈反発〉は、動物が行動する時に、いちばん普通に用いられる原理と言っていい。たとえば、人が前に出る時は、後ろ足は地面を後ろに押し出します。前に出るために、後ろの方向に足の力を入れるのです。腕で何か重いものを押す時も、普通は体重を後方に固定させて（つまり足を突っ張って）、腕だけを肘関節の屈伸で前に突き出します。これが、身体が行動する際の自然な〈反発〉の原理で、私たちの日常動作のいたるところに深く沁み込んでいる。

刀を振る場合はどうでしょう。刀が前に切り出されれば、体はそれと反対方向に引かれます。はなはだしい時は、頭が大きく後ろにのけぞっています。後方への体重の移動を反作用にして、腕の力だけを思い切り前方に向けて使っているわけです。〈刀身一如〉の理想とは、こうした〈反発〉の原理から、まずはっきりと抜け出そうとする志にほかなりません。

なぜ、抜け出さなくてはならなかったのでしょうか。それは、さまざまな次元で答えなくてはならない問題です。

まず、最も初歩的な次元の答えから述べてみましょう。〈反発〉の原理に頼った切りは、体でブレーキをかけながら、腕の力だけで刀を振っているわけですから、振ることそのものにおいて、大きな矛盾があり、損がある。頑張っているつもりで、ひどく無駄をしているわけです。そのために、なおいっそう腕の筋力を鍛えなければ、という馬鹿な話になる。

体が移動する方向を腕の振りの方向と一致させれば、このブレーキは解除されますから、腕には余計な力を込めなくてもいい。刀を振ることは、刀と共に体の重心を移動させることと同じになる。ここから出る切りには、振った本人も驚くほどの不思議な威力が備わっています。もっとも、振りと重心の移動とを精確に一致させることは、口で言うほど簡単ではありません。独りで木太刀を振る鍛錬、俗に言う素振りは、まずはこのことのためにあります。

この素振りに使う木太刀は、ごく軽いものがいいのです。軽ければ軽いほどいい。お土産屋で子供向けに売っている朴《ほお》の刀なんかは、外観を気にしなければ、なかなかいいかもしれません。ただし、こんなに軽い刀を使って精確な〈刀身一如〉を実行することは、初心の人にはかなりむずかしい。ごく軽いものを、全身の移動と一致させて振ることは、とても難しいのです。日常生活で用いられる腕の筋力が、軽い刀の重みを殺してしまう。刀の重みを殺して、好き勝手に振られる刀は、決して兵法に行き着きません。

軽いものの重みを全身に感じて、そのものに引っ張られるようにして体を動かす、これが大事な点です。そういう鍛錬をしていれば、体と刀との、腕と胴体との反発は消え、人は〈刀身一如〉への第一歩を踏み出すことができます。

竹刀は軽いから、真剣を扱う時の稽古にはならないと言う人が、よくいます。普段から重いものを振り慣れていないと、刀は扱えないと。この考えは、まったくの素人にはもっともに聞こえますが、実は反対です。軽いものの重さを十全に引き出す稽古を重ねていれば、真剣くらい手ごろな重さのものはありません。もっとも振りやすいものが刀だというのでなかったら、その人がする竹刀や木刀での稽古は、〈刀身一如〉の基本をまだ得ていないのです。たいていのことを、〈反発〉の原理でやっている。

相対性、偶然性を超える

〈反発〉の原理から解かれた切りには、不思議な強さ、速さがあります。不思議な、と言うのは、それは強くも速くも見えない切りだからです。が、そうやって振られる竹刀に手を打たれると、手は一瞬じんと痺れて、その痛みは光が通り過ぎたようにすぐ抜けます。またゆっくりした動きに見えるその打ちは、見えていながらなかなかに外しがたい。これは、〈刀身一如〉で出される打ちとしては、当たり前のことになります。

〈反発〉を含まない、すっとした体の移動によって出される打ちは、打った場所に圧力が止まっていないから、痛みは抜けるように消えます。〈反発〉が消えた動きは、開かれた水門から水が流れるようにやって来ますから、こちら側で応じる機を失ってしまうのです。

このような動きは、人前でやって見せても、たぶんあまり見栄えがせず、素人受けのしないものでしょう。けれども、私たちが日常生活のなかで、何の力みも見栄もなくやっている動作は、そんなものかもしれません。箸で豆をつまむのに、上体の反動を使ってやる人はいない。箸はいきなり出てきます。無意識の日常動作のなかにも、〈反発〉の原理を外れたものは、断続的にならいくらでもある。ただ、それを兵法というような切迫したぎりぎりの場で、恒《つね》に、厳密に打ち立てるには、非常な鍛錬が要るわけです。

したがって、〈刀身一如〉は、単に自分の体の動き方だけに関わっている問題ではありません。〈反発〉の原理は、敵手との立ち会いにおいても、すっかり解かれなくてはならないでしょう。そして、これこそが、かつて室町期の「兵法」が解決を迫られた最も難しい問題だったと言っていいのです。

立ち会う敵との関係から〈反発〉の原理を消す、ということは、つまり敵対する相手というものを、わが身の動きから消すことにほかならないでしょう。〈刀身一如〉の理想が行き着く先には、必ずこの課題が出てきます。

〈反発〉の原理で体を後ろにのけぞらせ、腕だけを前に出して争い合う人間同士の姿は、醜いものです。日本刀のすらりとして、己を捨てきったようなあの美しさには、まったくふさわしくない。自分を守って相手の隙を突こうとする、わずかの素早さ、抜け目のなさを競って、相手を排斥し合う。そういう争いごとも、ルールに従った遊びやスポーツなら楽しいでしょうが、戦場での命のやり取りとなれば、たまったものではありません。

日本の戦国期の武士たちは、こういう生き死にが日常茶飯事である環境に生きていた人々です。絶えず身に帯びて離さない日本刀は、彼らの美しい守護神のごときものだったでしょう。この刀と一体になり、この刀のように美しく身を立てて戦うことは、彼らの熾烈な願いとなっていったかもしれません。

いや、それだけではないでしょう。〈反発〉の原理による命のやりとりは、どこまでいっても先の見えない、相対的な勝ち負けしかもたらしません。そこでは、ちょっとした偶然がすべてを決めてしまう場合が、何と多いことでしょう。このことは、戦場往来に明け暮れていた武士たちほど身に沁みて知っていたに違いありません。この相対性と偶然性の泥沼の向こう側に、彼らが望んでやまなかった兵法の理想がある。〈反発〉の原理を抜けてたどり着く〈刀身一如〉の絶対の原理があった。これは、私の夢想ではありません。室町期の兵法が、実際に創り出した世界なのです。

不敗の信念が生まれる場所

〈反発〉を消して、相手の動きとひとつになるところでは、普通の意味での勝敗もまた消えます。ここでは、対手との間に自分が求めるひとつの世界を誤りなく創り出すことが、〈勝つ〉ことになります。

〈勝つ〉ことは殺すことではなく、ひとつの世界へと相手を誘い、説得することです。兵法のすぐれた「型」は、まずそのような説得を深く表現しています。何を説得するのでしょう。相手と共に生きることを説得する、と言うよりほかありません。

思えば、日本最古の武人である日本武尊《やまとたけるのみこと》が行なった西征、東征の旅は、そういう説得の旅でした。神話が示唆するところでは、大和の国を挟んだ東西には、狩猟を中心にして生きるかなり荒っぽい人々の集団があり、血なまぐさい争いも絶えなかった。尊《みこと》はこの人々を剣で滅ぼしに行ったのではなく、君たちも米作りの暮らしをしてみてはどうかと、説得に行ったのです。この危険な旅で、血は最小限にしか流されていません。大規模な集団的戦闘のようなものは、行なわれていない。この時、尊が佩《は》いた神器「草那藝劒《くさなぎのたち》」こそは、後に生まれる日本刀の魂の始原と言っていいものです。

「草那藝劒」の神話が示しているのは、武器としての尊の剣が、農具の神髄に変わることでした。狩猟の民の争いは、〈反発〉の原理の上に立って、相手を打ち倒すまで行なわれます。狩猟の行為そのものが、獲物を敵のように殺すことで成り立つのですから、狩猟民が〈反発〉の原理に立つ戦闘に長けていることは、言うまでもありません。

米作りの民は、そうではないでしょう。みなで協力し合い、神さまの協力まで得て稲を育てることは、戦闘とは何の関係もありません。丹精して稲を育てる者の命は、稲のなかに入り込み、なかば稲そのものになって生きるのだと言ってもいい。米を食べることは、米を殺すことではない。米を食べ、それを排出し、稲の肥料とすることは、毎年稲が育つ〈神《かむ》ながら〉の永遠の循環に、人の命が入り込むことにほかなりません。

わが身と日本刀とが一如になって、〈反発〉の原理の外に出る兵法は、明らかにこうした稲作民の願いの結実として生まれてきた剣技です。

相手の動きに反発せず、そのなかに入り込んで相手を制する。抑《おさ》えつけるという意識はいささかもなしに、相手を制する関係におのずから入り込むのです。兵法に不敗の信念が生まれてくる場所は、こういう原理のうちにしかありません。

これほどの次元にまでいく〈刀身一如〉は、一体どうすれば練り上げることができるのでしょうか。それは、立ち方、歩き方、太刀の握り方、そうしたもの一切からの深い、体系的な改変を伴ってしか可能にはなりません。そして、この改変のなかで、両手太刀による〈刀身一如〉の確立は、なくてはならないものとなっていったのです。

前にも少し述べましたが、「太刀打《たちうち》」に「流儀」というものが発生し、「兵法」が成立していったのは、このような創造の過程からでした。「流儀」とは、対手を誘い込む彼我一体の世界を、どのようにして創り出すか、そのことの方法に関わるものです。次章では、こうした「流儀」の意味について、もう少し詳しい話をいたしましょう。

第二章　新陰流の成立

一　剣法に流儀があること

流儀の実質は「型」にある

日本の剣法、刀法に流儀というものが発生した時代と、両手太刀の剣技が確立されていった時代とが、ほぼ一致していることは、前にごく簡単に述べました。この問題は、掘り下げていけば見かけよりはるかに難しい内容を含んでいて、これを書き尽くすことは、とうていできません。たぶん、誰にもできないでしょう。といって、これを書かなければ、日本の剣法について何を言ったことにもならないのです。そこには、取り払えない困難があります。

剣の流儀を成り立たせるものは、それが制定している「型」です。この「型」を措いてほかに、流儀の実質というものはありません。兵法の型は、たいてい二人で演じられるもので、勝つ側と負ける側に分かれます。上位の者が、負ける側に回るのが普通です。この型は、組太刀などと呼ばれることもあって、何本かの型が集まってひとつの体系を成しています。こうした体系のなかに置かれない型は、型とは言えない。

言い換えれば、型は型の体系とともに、一挙に何本かが同時に成立してしまうものです。そこが「手」とは違う。「ひと手の御教授を願いたい」などと時代劇で言っていますが、こういう「手」は、なるほど、ひと手、ふた手と気楽に習ったり、教えたり、また編み出したりもできるもので、これは型とは違う。「手」は、個々ばらばらの技で、広範に伝達され、勝手に増えたり減ったりするものですから、流儀などは生まれる余地がない。

太刀を片手で振って、敏捷、剛腕、精妙を競っていた時代の「太刀打《たちうち》」の技は、このような「手」によってできていたでしょう。両手太刀の時代になって生まれてきた剣の「流儀」には、技の組み立て方と言うよりも、もっとはるかに深い意味があります。そこには、剣をもって世界と接触する時の態度、方法、観方、手足の置き方、振る舞い方、そうしたものの一切がある。大袈裟な言い方と笑われるかもしれませんが、どうも、そう言うよりほかないものがあったのです。

両手太刀の時代になって極点に達した「刀身一如」という理想は、剣を執る者の身を徹底して〈反発〉の原理から抜け出させる方向に向かわせました。身が刀と一如になることは、刀を執る身が相手と一如になることですし、相手の動きと一如になった刀と身は、外界の働きすべてと一如になる動きに入り込んでいきます。これは、生の全体的な在り方に関わる技法でしょう。全体的であるからこそ、その技法はのっぴきならない体系を必要としますし、体系であるからこそ、型は幾つかの流儀に分岐して成り立つ余地を、おのずから与えるものになったのです。

念流・新当流・陰流——日本剣術の三大源流

新陰流兵法の流祖で、上泉伊勢守信綱《かみいずみいせのかみのぶつな》（一五〇八—一五八二）という人がいます。この人が、永禄九年（一五六六）五月に柳生但馬守宗厳《やぎゅうたじまのかみむねとし》（石舟斎《せきしゅうさい》）に与えた「影目録」という巻物の一巻に次のような言葉があります。「梵漢和の三国」にわたる歴史のなかで、仏、天、神から託された兵法というものが絶えた日は、一度としてなかった。日本では——

その中間、上古の流有り。中古、念流、新当流、亦また陰流有り、その外は計るにたえず。予は諸流の奥源を究め、陰流において別に奇妙を抽出して新陰流を号す。予は諸流を廃せずして、諸流を認めず、まことに魚を得て荃《せん》を忘るる者か、然るときは諸流の位、別に莫《な》きのみ。千人に英たり、万人に傑たるに非《あらざ》れば、いかでか予が家法を伝えんや。（原漢文）

「影目録」に、この記述があることは、日本の剣法史を正確に知ろうとする人には、まことに幸運なことです。上泉伊勢守が、ここで念流、新当流（神道流とも書く）、陰流の三つの流名を具体的に挙げているのは、これら三つの流儀が出現する以前には、流儀の名をもって立てられるほどの体系性を持った剣技が、まだ形成されていなかったからでしょう。すなわち、剣技は「太刀打」の段階にあったと言えます。「その外は計るにたえず」という伊勢守の言葉は、このような事実を指しているのです。

念流の始祖とされている念阿弥慈音《ねんあみじおん》は、非常に古い時代の人で、室町初期にすでに活躍した人です。生年は一三五〇年、没年は不詳ということです。新当流の開祖は飯篠長威斎《いいざさちょういさい》で、生年は一三八七年、没年は一四八八年とされる。陰流の流祖は愛洲移香斎《あいすいこうさい》で、生年は一四五二年、没年は一五三八年と伝えられます。三人が生きた時代には、かなりの隔たりがある。三つの流儀をそれぞれに完全なひとつの体系にまでまとめ上げたのは、必ずしもこれら三人の始祖ではないのかもしれません。古くから発生した念流、新当流では、特にそう言えるかもしれません。

はっきりしているのは、青年時代の上泉伊勢守が、これら三つの流儀を、各流の師に就いて次々と修めた十六世紀中頃には、兵法者にとって「流儀」の意味はすでに確立されていたということです。三つの流儀は、交換することの出来ない体系性をもって成り立っていたのです。

上泉伊勢守の「影目録」の記述を率直に読めば、この人が体系的流儀として当時認めていたものは、これらの三流であり、言い換えると、少なくともこれらの三流だけは「流儀」としてすでに厳然とあったことになります。一般の剣道史でも、これらを日本剣術の三大源流としていることが多いのは、まことに正しいことになるでしょう。江戸末期には七百以上あったと言われる剣術諸流派は、遡ればみなこの三つの源流から出ているというわけです。たしかに、師弟関係からそのように遡ることは、割合に簡単ですが、はたしてどうでしょう。

流儀、流派の名前が七百もあった時代というのは、すでに「流儀」があることの意味を見失っていた時代とも言えるのではないでしょうか。その証拠に、明治になれば、これらの流名はほとんどいっぺんに消え、全国一律のただの「剣道」になってしまいます。それが、実情に沿うことだったからです。

上泉伊勢守は、幼少期から念流を、次いで新当流を学び、三番目に流祖の愛洲移香斎から直々に陰流を学ぶことになります。二人が出会った時、伊勢守は推定で二十二歳、移香斎は何と七十八歳の高齢でした。「影目録」の言葉にあるように、伊勢守はこの陰流によって開眼するのです。これは、文字通りの開眼であって、いままで観えなかったものが、一挙に観取されるようになった。何が観えなかったのでしょう。「流儀」の意味が、と今は取りあえず答えておきましょう。

〈そのまま〉勝つ

伊勢守が学んだ念流も新当流も、当時すでに完成した立派な流儀であったのですが、「流儀」というものが在ることの意味を、伊勢守に対して根本から明らかにしたのは陰流でした。この開眼があって後の伊勢守の剣法は、もはや伊勢守自身が創造した一世界、ひとつの天地にほかなりませんでした。それで、彼はこれを新しく「新陰流」と、やや控えめな名をもって呼ぶことにしたのです。

念流、新当流に対して、陰流は実際にどの点で伊勢守を強く動かしたと言えるのでしょう。これを現代の文章で表わすことは、あまりに困難なのですが、なるべく親しみのある例から入っていってみましょうか。

黒澤明監督の『七人の侍』(一九五四)という映画を観た人は、ずいぶん多いでしょう。あの映画で剣技指導を担当した人は、「香取神道流」の継承者、杉野嘉男氏です。つまり、伊勢守が学んだ「新当流」の、昭和の伝承者とも言える人です。映画の初めのほうで、俳優の宮口精二演じる久蔵という武芸者が、行きずりの、腕自慢の浪人と試合をするシーンがあります。始めは青竹を使って行ない、相手の浪人が負けを認めないので、二度目は真剣勝負になってしまう。あの試合場面は、私にとっては非常に興味深いものです。

役者に殺陣《たて》をつけたのは、杉野氏自身でしょう。新当流にある一本の型が、あそこではまるごと披露されているようです。正確とは言えませんが、その動きになっている。何より、戦国末期の剣の勝負の雰囲気がよく出ています。

久蔵は、下段に構えた姿勢から右足を後ろに大きく引き、左肩を前にした半身(左偏身《ひだりひとえみ》)になって、剣先を身の後ろにやります。一般に、脇構えと呼ばれることの多い形です。これに対し、四、五間ほども離れたところから、大上段に構えた浪人が奇声を発して詰めより、久蔵の左肩に正面から打ち込んでいきます。

青竹を用いた勝負では、久蔵は後ろの右足を踏み込み、前の左足を引いて、足を踏み替え、正面向きになって相手の左肩をやや斜めに打ちます。浪人は相打ちだと言う。実際、相打ちで、このやり方では当たり前です。けれど久蔵は、にべもなく、おぬしの負けだと言う。相手は納得しない。それで、真剣勝負になるのですが、今度の勝負では、久蔵は相手の左肩を切りながら、自分の体を左へ大きく開き、右足前の半身に変化しています。これで、相手の刀は空《くう》を切り、久蔵の刀は袈裟がけに相手の左肩を下段まで切り下げることになります。この立ち会いの一部始終が、静止のロングショットできちんと捉えられている。近頃の時代劇にはない撮影です。

新当流の勝ち方を示すものは、もちろん二度目の立ち合いです。左半身の脇構えから、両足を踏み替え、右半身に転じて相手を袈裟切りにしている。真剣勝負の時だけ右半身に転じるのは、まるで騙し討ちで、ちょっと相手の浪人に気の毒ですが、まあそんなことはどうでもいいとしましょう。両手太刀で相手にまっすぐ向き合って、めいめいが同時に好きなところを打ち合えば、当然初めの時のような相打ちになります。これが、単なる両手太刀の危ないところでしょう。けれども、両手太刀のまま体を転じ、身を開くと同時に正確な斜め切りを出すと、相打ちは避けられます。この動きを実戦で使うには、間合や拍子の読みにおいて、かなりの修練を必要とします。映画では、それを見せようとしているのです。

ところで、上泉伊勢守が陰流のなかに観取したものは、このような立ち合いを超える原理だったと言えます。久蔵が、陰流の遣い手だったとしましょう。彼は足を踏み替えず、〈そのまま〉左足をわずかに踏み込んで、左半身の斜め切りに相手の左手首を切り落としたでしょう。新当流が、両足を踏み替えるところを、陰流では〈そのまま〉勝つ。この、〈そのまま〉勝つ、という陰流の勝ち方にこそ、伊勢守の心眼を開かせた原理の入口があったのです。次節では、この点を詳しく述べていくことにします。

二　上泉伊勢守の開眼——その一

「速さ」を「間合」の問題に

映画『七人の侍』で、久蔵が浪人と青竹で試合をする時は、二人は打つ瞬間に真っ直ぐに向き合って、お互いの左肩を打ちました。で、浪人は、残念！　相打ちだのお、と言う。そのとおり、相打ちです。それなのに久蔵は、いや、お主《ぬし》の負けだ、真剣ならばお主は倒れている、などと解せない言葉を吐く。これにムカッ腹を立てた浪人が、では真剣でやろう、と言い出す。

このやりとりは、映画のシナリオにあるわけです。台詞だけを聞いていると、青竹の立ち合いで、久蔵の打ち込みは、相手の浪人よりほんの少し早かった。その差が余りにわずかだったので、浪人にはそれが見えず、真剣勝負の申し入れになった。もう一度、真剣で同じことをやったら、わずか先に斬られたほうが、倒れてしまった。こんな筋書きになっています。これは、西部劇でよくある決闘と同じ発想です。黒澤明は、ジョン・フォードの西部劇を称賛してやみませんでしたから、この映画の活劇シーンで黒澤が狙っていたのは、日本の西部劇なのかもしれません。

面白いことに、この決闘シーンは『荒野の七人』というジョン・スタージェス監督の西部劇で、そっくり踏襲されています。久蔵の役は、ジェームズ・コバーンが演じている。コバーンの武器は何と投げナイフです。相手は、腕自慢のカウボーイで、拳銃の抜き撃ちで対戦する。一度目の対戦では、ナイフはカウボーイのすぐ横の電信柱に刺さる。拳銃の弾もコバーンをかすめるだけです。カウボーイは俺の勝ちだと言うが、見物衆が同意してくれない。それで、とうとう決闘になってしまう。今度は、ナイフは深々とカウボーイの胸に刺さり、彼は一発も撃てない。こんな具合です。

ここでは、『七人の侍』のシナリオが、ぴったりはまっています。なぜなら、シナリオは、そもそも西部劇の決闘シーンをモデルにして書かれたものだからです。これには、剣技指導の杉野嘉男氏も困ったに違いありません。真剣を執っての勝負は、速いだの遅いだのといった単純な筋書きで決するものではないからです。このシナリオを、どうやって画像にするか。

出された答えが、映画の二度にわたる対決シーンでしょう。一度目は、青竹で正面に向き合って互いの肩を打ち合う。二度目は、真剣を用い、久蔵は左偏身《ひだりひとえみ》（左足が前の横向き）の脇構えから一気に転じて右偏身（右足が前の横向き）の袈裟切りで浪人を倒します。浪人は、上段からまっすぐに久蔵の左肩のあたりへ切りかかっている。この時、久蔵は、振りの速さで勝ったのではありません。浪人の切り下ろす刀を、身を開きながらはずし、その動きと一致した袈裟切りで勝った。はずすのは、わずかな間隔によってだけです。引きつけて充分に切らせ、わずかな間隔ではずしながら袈裟切りを出す。

この時、浪人にどの距離から切りを出させるか、それをどれくらいの間隔ではずすかは、大変重要な問題です。距離が近くなりすぎては、久蔵の切りは間に合いません。身を転じてはずす間隔が広すぎれば、相手は久蔵の動きを察知して、自分も変化してくるでしょう。相手に勝ったと思わせる間隔で、相手の切りを正確にはずす必要がある。

相手との距離を、剣法では「間合《まあい》」と言いますが、速さの問題は、この間合の問題に吸収されると言っていいでしょう。久蔵の袈裟切りが、相手に対して間に合うのは、それに応じる間合が確保されているからです。もしも、浪人が上段に構えたままで、切りかかりもせず、ずかずかと近寄ってきたらどうするか。そういう男は、間合を知らないことになりますから、久蔵は右脇構えから一気に相手の左腕、左手首を撥ね切りにしてしまえばいい。その時も、新当流の遣い手である久蔵は、たぶん前の左足を後ろの右足と踏み替えて、左偏身から右偏身に一挙に転じるでしょう。

型の必然性

上からの袈裟切り、下からの撥ね切り、どちらを使うにせよ、注意しなくてはならないことは、これらの切りによって、相手の切りの動作が塞がれてしまっていることです。ただはずすだけではなく、自分の切りが、相手の切り筋を塞ぐ関係に入っている。久蔵と浪人の青竹試合では、こういうことは一向に顧慮されていない。まことに暗愚な打ち合いと言うほかありません。

けれども、西部劇の味を持ったシナリオを活かすなら、このやりかたしかない。西部劇に出てくる早射ちの決闘、私はああいうものが映画やテレビ以外のところで実際にあったとは、どうも信じがたいのです。やれば、たいていは凄惨な相撃ちになるでしょう。ああいうことに、たぶん正常な人間の神経は、いつまでも耐えられるものではない。少なくとも、日本の剣法は、人があぁいうはめに陥ることを避ける工夫だったと言っていいのです。

いかにして、剣法はそれを避けるのか。片手太刀の「太刀打《たちうち》」時代は、双方がいつもはっきり右偏身になって、遠くで相手の切りをはずし合いながら、互いの隙を窺えばよかったでしょう。両手太刀になれば、相手との距離は、それだけ近くなります。相手に曝す体の部位もずいぶんと広くなる。これをあえてやるからには、技にそれだけの理法がなくてはなりません。久蔵の動きには、その理法がある。

むろん俳優のする真似ごとですから、そこは差し引いて考えてみましょう。浪人は、久蔵が脇構えから出そうとしている撥ね切りを計算に入れながら、その撥ねを上から同時に切り塞ぐ〈間合〉と〈太刀筋〉で、相手の肩へ切り込んでいるのです。久蔵の脇構えから発する空気が、そうさせると言ってもいいでしょう。久蔵は、浪人の取るその間合を利用して、転身し、袈裟切りを出す。この切りは、浪人が出す切り筋を完全に上から塞ぎながら行なわれますから、相打ちということは始めからあり得ない。〈剣の法〉として、流儀の原理として、あってはならないわけです。

『七人の侍』のこの決闘場面は、いわゆる殺陣の演技とは違って、新当流の型の一本をそのままやっているだろう、ということを前に述べました。剣法の型は、殺陣の演技とどこが違うのでしょう。これを説明し出したら、きりがないのですが、要するに型とは、必然性のぎりぎりの追究から生まれてきたものですが、殺陣はそんなことを思い詰めなくてもいい。適当にほんとうらしく、見栄えのする動きが出来ればいいわけです。この必然性とは、何でしょう。まずは、久蔵の構えに対して、浪人の切りこみが、これ以上すぐれたものはないという必然性、その切り込みに対して、久蔵が出す上からの袈裟切りが、これまた最高にすぐれた応じ方だという、この必然性です。

こうした必然性の追究が、三つの流儀、念流、新当流、陰流を、この順番に生んでいきました。まるで生物学的進化のように、同じ目的の追究が、三つの方向に分岐したのでしょう。その分岐の先にも、さらにまた厳しい必然性の追究があったに違いありません。この戦国期に、見栄や思いつきで流儀を立てた馬鹿者はいなかったのです。もちろん、新しい流儀が、古い流儀よりすぐれているとは限らない。どの芸でもそうですが、新しい路に入り込むことが、結果として古いものより後退していることは、よくあります。

「猿廻」――切り筋を切り筋で塞ぐ

上泉伊勢守《かみいずみいせのかみ》が、愛洲移香斎《あいすいこうさい》の陰流によって開眼したのは、陰流のなかの「猿廻《えんかい》」という型によってでした。この事実は、新陰流兵法の伝承のなかで、はっきりと語り伝えられています。この「猿廻」には、『七人の侍』で久蔵が演じた動きとかなり類似したところがあるのです。

まず、型の始めに取る脇構えが同じです（次頁　写真3）。違うのは、敵も同じ脇構えである点です。そこから敵は、脇構えのままの姿勢で太刀を頭の右横に持ち上げ、前の左足を踏み込んで、こちらの左肩を斜めに切りこんできます。こちらはどうするか。敵とまったく同じように、太刀を頭の右横に持ち上げ（次頁　写真4）、これまた敵とまったく同じ動きで、左足をわずかに踏み込み、斜め切りに相手の左拳を切り落とす（次々頁　写真5）。二人の動きは、相似形を描き、ただわずかな時間のずれで勝敗が分かれるのです。

上泉伊勢守の開眼は、この動きを見た時になされたと、流儀の伝承は語ります。陰流が開いている新たな可能性の一切を、この時すでに伊勢守は見通したのでしょう。新しさは、まず脇構え、新陰流ではこれを「車《しゃ》の構え」と呼びますが、ここからの切りを、足を踏み替えずにそのまま左足で行なう点にあります。こう言っただけでは、つまらない違いに思えるでしょう。伊勢守はこの動きを通して、一体何に開眼したのか。

これは、いろいろな深さで言えることですが、まず最も基本のところを述べておきましょう。伊勢守がこの動きから観取したものは、まっすぐな体の軸がわずかに前へ移動する、その移動のふわりとした力によって、敵を切り崩す原理です。敵の切り筋を、自分の切り筋で塞ぎながら勝つ、という方法は、両手太刀の刀法が必ず持たなくてはならなかったものです。そうでなければ、

（右から）写真３・４・５「猿廻」の初打、左足前の順勢

真剣を両手に持っての切り合いなど、危なくてできるものではない。お互いに、すぐ切り傷だらけになるでしょう。

念流も新当流も陰流も、相手の切り筋を塞ぐ、その方法の体系化によって、一箇の流儀たり得たと言えます。塞ぐと、ひと口に言っても、もちろん、いろいろなやり方がある。その詳細については、後で述べることにしましょう。伊勢守から見て、陰流が決定的にすぐれていると思えた点は、どこにあったでしょう。この流儀では、敵の切り筋を塞ぐ方法は、敵の移動軸を崩す原理と一体になっています。敵は、切り筋を塞がれるだけでなく、体重を移動させる

自分の運動を、思いがけない方向に崩されるのです。

崩すものは、こちら側の移動軸のほんのわずかな前進です。垂直に立てられたこの移動軸の前進が、自分の太刀筋と完全に一致して相手の拳を切る時、自分の太刀先と相手の拳とは崩しの接触点を作ります。相手は、その接触点を通して、あっけなく崩れる。「猿廻」の例で見てみましょう。

敵が、左足前の「車の構え」から前足を踏み込んで出す斜め切りは、それより遅れて、同じ構えから、同じ太刀筋で出されるこちら側の斜め切りと、空中で接触点を作る。敵の左拳と、こちらの太刀先とで生まれる接触点です。この時、敵は自分の前方やや右側に向けてはっきりと体勢を崩される。崩した敵の首筋に、こちらの太刀の切っ先が、ぴたりと付けられます。

伊勢守が驚嘆したのは、この勝ち方の何か神的と言っていいほどの完全さ、奥深さです。この型では、勝つことは、敵を切って、その動きを封じることではありません。少なくとも、それだけではない。勝つことは、二つの移動軸が、必然の関係を作って、接触し、分かれ、予定された地点に収まることなのです。負けるほうは、まるでこの関係の実現に協力しているかのように動かされる。

けれども、ここで求められている必然性には、機械的に計算できるものは何ひとつありません。あるのは、刀身一如となった運動から創造される〈法〉の必然性です。この〈法〉が、天地に対して持つ限りない拡がりに、若い伊勢守は、まず感動していたのです。

三　上泉伊勢守の開眼――その二

〈移動軸を切り崩す〉とは

前節で述べていた〈移動軸を切り崩す〉という言葉ですが、これには、たぶんたくさんの注釈が必要でしょう。人間が二本足で移動する時、必ず身体のなかには移動軸が発生しています。これが四足の哺乳動物なら、移動軸はいつも背骨の線と一致していて、大変安定している。犬が歩きながら方向転換する時、背骨は水平を保ったままでカーヴしていきますが、それは進行方向とぴったり一致した移動軸の曲線運動で、見ているとなかなか美しいものです。

直立歩行する人間は、歩きながら背骨をカーヴさせたりすると、当然ながら不安定になり、見るからに不格好になる。立っている移動軸が、進んでいく方向と一致していないから、そういうことになるのです。背骨のカーヴは余計なものになってしまう。移動軸と進行方向とが、ほぼ直角に交差せざるを得ない人間の歩行は、もともと実に不安定なもので、無駄な動きを無数に生じさせます。

たとえば、歩いていて、両肩がきちんと水平になっている人は、ごくまれです。どちらかの肩が上がっていて、したがって、背骨は左右に曲がっています。この状態での直立歩行は、ずいぶん体に負担をかけるものですが、それを負担と感じなくなるくらい、人間は不自然な歩行に慣れてしまっている。

けれども、直立歩行には、もちろん四足の歩行よりいい面が、いろいろとあります。まず、両手が自由になることは、誰にもわかる。が、ここで私たちが特に着眼したいのは、人類の直立歩行が、背骨と移動軸との自由な分離を可能にさせたということです。

上泉伊勢守《かみいずみいせのかみ》が、愛洲《あいす》移《い》香斎《こうさい》の陰流のなかに見たのは、まず背骨の存在から自由になった移動軸の精密な確立だったと言えます。この確立がないところに、「猿廻《えんかい》」の一手は成り立たないのです。具体的に述べてみましょう。

人が両手で刀を持ち、相手に向かって真っすぐに立ち、刀を頭上に真っすぐ振り上げて前に切り込む場合、この人の移動軸は、背骨の縦の線と一致しています。あるいは、理想的には一致していると考えられる。「猿廻」の切りのように、左足前の「車《しゃ》」の脇構えから、刀を右側頭のあたりまで上げ、そのまま前の左足をわずかに踏み込んで、刀を斜めに切り下ろす時は、移動軸はもはや背骨にはありません。左腕の付け根から左膝、左足親指に至る線上にあります。この軸をきちんと立てて移動することが、こうした切りの最も肝要な点だと言えます。

この時に、切り下ろされる刀は、四十五度の傾斜角を持っています。前進する腰も、正面向きではなく、四十五度右に開いている。この切り筋と腰の開き、左足を前にした移動軸のまっすぐな前進、これらが完全に一致した時、「猿廻」は成り立つのです。もっとも、これは自分の動きだけを言っているに過ぎません。

型としての「猿廻」は、相手もまた同じ動きで、こちらの左肩を斜め四十五度の角度で、切り込んできます。この切りに対して、こちらの刀は、わずかに遅れて出ます。わずか、とはどれくらいでしょう。切り込んでくる相手の左拳、または左手首が、自分の左肩の高さに来る瞬間、これを捉えればいい。これを、四十五度傾斜した切り筋で、わずかに前進して切り落とせばいいのです。この切りによって、相手の移動軸は、相手から見て右前方の下、こちらから見て左後方の下に崩されます。つまり相手は、右斜めに、前のめりとなって体勢を崩されるわけです。

相手のほうが先に切るのに、なぜ、あとから出す、こちらの切りが、勝ってしまうのでしょう。この初歩的質問に答えるのは、簡単です。相手は、こちらの左肩を切ろうとしています。こちらは、その相手の、すでに打ち出されている左拳を切ればいいわけですから、それだけ相手よりも動く距離が少なくなる。この間合《まあい》の差によって、こちらの切りが先になるのです。

勝敗は〈天地の理〉のように

しかし、ここでの勝敗の在り方は、ただ動く距離の大小だけで説明のつく事がらではありません。相手が動く、その動きに対して、こちらの移動が作るわずかな〈拍子のずれ〉が、崩しを生むのです。相手に遅れる分だけ、こちらの切りは、相手の切りの上に乗っていくような形になる。

これを、新陰流の言葉で「上太刀《うわだち》になる」と言います。

上に乗る、と言っても、決して伸びあがって上から抑えつけるのではない。体の移動は、あくまで水平です。ただ、双方の間に生み出される〈拍子のずれ〉だけで、「上太刀」と「下太刀」の関係が生まれる。いや、この言い方は、正確ではないかもしれません。そもそも「拍子」とは、切り合う二人の間にあるもので、何らかの〈ずれ〉がないところには、どんな「拍子」も生まれません。今、私が解説している「猿廻」の拍子は、新陰流の用語では「当たる拍子」と呼ばれます。

「拍子」についての体系的な説明は、またあとでしましょう。ここでは、「猿廻」の一手を見た瞬間の、上泉伊勢守の開眼に焦点を絞ることにします。「猿廻」にある移動軸の崩しは、伊勢守にとっては、ひとつの運動世界の突然の開示だったかもしれません。「猿廻」の勝ち口には、限りない自由と有無を言わせない必然とが、完全に、同時にあります。

ここでの自由は、ただ任意に動き回る自由とは違う。「車」の構えから、わずかに踏み込む時、こちらが踏み込む線は、相手が踏み込んでくる線と、まったく同じ線上にあるのでなくてはなりません。つまり、双方の四つの足が、一線上にある。この踏み込みによる軸の移動が、ふわりと相手側の軸の移動に乗るわけです。この時に、連動して一挙に為される軸の移動、間合の読み、拍子の置き方、太刀の切り筋には、原理として言うなら、毛一筋ほどの狂いがあってもいけません。これらの一致によってだけ、勝敗は天地の理《ことわり》のように、必然のものになるのです。

けれども、この必然は、流動してやまない彼我の関係のなかに、自在の柔らかさをもって創られ続けていく。ただ自分だけの考えで、強引に創るのではない。敵と自分との〈間〉にある関係、すなわち間合、拍子、太刀筋の関係から、おのずと創り出されてくるものなのです。彼我の〈間〉についてのこのような創造は、伊勢守にとっては、単なる兵法の勝敗をはるかに超えたものと映りました。超えることによって、勝ちは必然になっただけではなく、彼我の〈間〉の自由で柔らかい創造となりました。

「車」の構え（左肩が前の脇構え）から、前の左足をわずかに踏み込んで〈そのまま勝つ〉という、言わば最も単純な勝ち口は、兵法者、上泉伊勢守を開眼させるに充分な、稲妻のような光を放ったのでしょう。一線上で為されるこのような切り合いは、それを可能にさせる実に多くの細部を含んでいます。そうでなければ、遅れて動くほうが、あっさり切られてしまうでしょう。

だからこそ、『七人の侍』の久蔵のように、両足を踏み替えて、一線上のぶつかり合いをはずすことが大事になる。これは、人情の自然、争闘の情が赴くところから言っても、頷《うなず》けることでしょう。したがって、愛洲移香斎の陰流には、この〈争闘の情〉を、法《のり》の高さによって超えようとする強い意志のようなものがあったのです。若い伊勢守を感動させたものは、まず、それだったに違いありません。

偶然の勝ち負けを拒む

たとえば、久蔵のように、両足を踏み替えて袈裟切りを出す場合、彼は一体どれくらい体を自分の右横に移せばいいのでしょう。前に踏み出す右足はどの位置を踏み、後ろに引く左足は、どれくらい右に回せばいいのでしょう。この質問には、厳密に答えることができません。答えたとしても、いつもその通りを正確に行なうことは、不可能ですし、意味のないことです。最初に立つ線から二十度の角度で左に開くべしとか、そういうことを言っても仕方がないわけです。実際には、それは無数の角度であり得ます。

このことは、刀の切り筋についても言えるでしょう。右上から左下へ切り下げる刀の角度は何度くらいがいいか、これもはっきりとは言うことができないし、言う必要もない。体を開く角度も、切り筋の角度も、ここではかなり任意なものであっていい。勝ちさえすれば、問題ない。たとえば、身体を開く角度が足りないと、相手の刀は自分の左肩を削ぐでしょうし、開き過ぎると動きに無駄が生じる。無駄が生じると、当然ながら、相手はその動きを察知して、応じたり、防いだりします。未熟な者同士の切り合いは、だいたいそうした攻防の慌ただしい応酬になるでしょう。

二人が、未熟でなかったとします。この場合も、技の成否は、使う者の熟練度に依存するところが大きい。より達者な動きをする者が、わずかな差で勝ったりするわけです。刀の切り筋や身の置き方に、厳密にして究極の法《のり》がない場合には、この偶然性は避け難いでしょう。だから、いよいよ攻防の技に習熟しなくてはならない。が、どんなに稽古しても、自分より少しだけ上、という人間はたくさんいる可能性がある。また何かの調子で、下手な者に偶然負けたりすることもある。負けることは、すなわち死ぬことだとしたら、これはなかなか大変なことです。常人の神経で、いつまでもやっていられることではない。

陰流の「猿廻」では、「車」の構えからわずかに足を踏み込む時は、相手の両足と自分の両足は必ず一線上を踏んでいる。刀を右側頭の高さにまで取り上げて、そのまま左下に振り下ろす切り筋の角度は、四十五度になる。体のその移動と刀の切り筋とが一致して捉えるのは、自分の肩の高さに下りてきている相手の左拳です。その左拳を、自分の肩の位置から三尺向こうの距離で捉える。この時、相手の体勢は、移動軸を通して一挙に崩れます。このような勝敗の在り方が、陰流の根本原則なのです。

相手が踏み込む時の方向線と同じ線を踏む、という移動の仕方は、言葉にもでき、意識して実行することもでき、繰り返し稽古することもできます。また、四十五度の切り筋で、刀を右上から左下に振り下ろす、という動作も、言葉にして原則化できるし、型として繰り返し稽古することもできます。もちろん、四十五度というような西洋幾何学式の計測法を、陰流が持っていたはずもありませんが、この角度は、数学なしでも明確に意識できる。垂直や直角が数学なしでも意識されるなら、四十五度もまた意識できるでしょう。

それにしても、なぜ、一線上の移動、四十五度の切り筋でなければならないのか。相手の移動軸を制し、正確に切り崩すためです。こちらの刀が相手の左拳に触れる、その接点を通しての体のわずかな前進、そこに勝つことの一切が、成り立つと言えるのです。そういうことが起こるためには、身の移動軸を真っすぐに立てること、相手の左拳を自分の左肩の高さで捉えること、また、体の水平移動にぴったりと一致して、刀を四十五度の角度で切り下げること、などが、寸分の狂いなく為されなくてはなりません。

だが、それは為されうるのです。それを可能にさせる〈剣の法《のり》〉が、陰流のなかにはあり、その法はいつも万人に向かって、晴ればれと開かれたものになっている。上泉伊勢守は、愛洲移香斎が発明したものの意味を、おそらくは、この老師以上に深く観て取っていたに違いありません。

四 〈陰〉であること

「逆勢」の切り

上泉伊勢守《かみいずみいせのかみ》を開眼させた陰流の一手「猿廻《えんかい》」は、実は二種類の切り、二度の切り合いによって出来ています。前節まで私が紹介してきたのは、そのうちの第一の切りです。これに引き続いて第二の切り合いがあり、この二つが連続して行なわれなくては、「猿廻」のほんとうの意味はわかりません。では、その連続を見てみましょう。

第一の切り合いで、自分（使太刀《しだち》）は敵（打太刀《うちだち》）の左拳を、左足前の斜め切りで、右上から左下に切り下げました。この時、敵の左拳を自分の肩の高さで捉えて切ることが大切なことは、すでに述べました。これによって、打太刀の移動軸は使太刀の左下へ崩れ、切った使太刀の両手は、自分の左腰の前に自然に収まります。自然に、というのは、そこにどんな力《りき》みも歪みもなく、ただちに次の動きに変化できる位置にある、という意味です。実際、この時、次の動きへの変化が為されます。

左拳を切られ、移動軸を崩された打太刀は、今度は後ろの右足を大きく左足の左横に交叉させて移し、すぐに左足を後方に送って右足前になります。同時に刀を右の側頭近く、右から左へ四十五度の角度に傾斜させて取り上げ、そのままの角度で切先を振り下ろして、使太刀の右肩へ切りつけようとします。その切りを見て、使太刀は、打太刀とそっくりの動きで、自分の左足の左横に右足を移し、続いて左足を後方に送り、刀を右側頭に取り上げて(写真6)、四十五度の切りを出します(写真7)。打太刀と違うのは、相手の右肩を切るのではなく、右拳に切り乗るところです。乗って相手の移動軸を切り崩す。この時、やはり大事なのは、相手の右拳を自分の肩の高さで捉えて切り崩すことです。

第一の切りは、左足前の「車《しゃ》」の構えから、刀を右側頭に上げ、そのまま左下へ四十五度の角度で切り下げられました。第二の切りは、右足を前に踏んで、刀を右側頭に取り上げ、今度はそのまま右下へ四十五度の角度で切り下げることになります。

二つの切りは、軌跡だけを追うと九十度のV字型を描くと言ってもいいでしょう。しかし、こういう言い方は馬鹿げていて、使う者はそんな軌跡を意識しません。むしろ、太刀筋によって内部から作り出される球体のようなものを意識するでしょう。内部の中心から運動する二つの玉があり、それらの接点で、崩し崩される剣の関係が成り立つわけです。

ここには、言葉による説明が極度に難しい刀法の理がありますので、この点は、おいおい詳しく述べていくことにしましょう。

ともあれ、「猿廻」には、四十五度の角度で切り下げられる二種類の太刀筋があると言えます。

（右から）写真6・7　「猿廻」の第二打、右足前の逆勢の切り

第一の太刀筋では、柄《つか》を持つ両腕は、並行しています。第二の太刀筋では、両腕は前腕部で交叉することになる。新陰流では、両腕が並行する場合には「順勢《じゅんせい》」の切りと言い、交叉する場合には「逆勢《ぎゃくせい》」の切りと言います。順から逆へのこの移行、転化のなかにこそ「猿廻」の、あるいは陰流の最後の教えがあるのです。若い伊勢守の眼光は、おそらく一挙にその教えの核心を射抜いたのだろうと、私は思います。

「陰」と「影」

そもそも、愛洲《あいす》移《い》香斎《こうさい》は、なぜ自分の流儀を「陰《いん》」の流と呼んだのでしょう。彼の言う「陰」とは、何でしょうか。陰陽五行説の面倒な講釈は、しないでおきましょう。そんな話を持ち出さなくても、移香斎の考え方はよくわかるのです。陰は陽に従うものです。陽あるところには必ず陰があり、陰を含むことなしに陽は成り立ちません。たとえば、日差しがなければ、物影は生まれませんが、この物影は、陽のなかにいつも含まれている陰の、場合に応じての現われとも言えるでしょう。実際、上泉伊勢守の新陰流では、「陰」の字と「影」の字は、そのようにはっきりと使い分けられるようになります。

陰流の剣法において、陽は対手です。陰は自分です。この関係の置き方に、陰流の極意がある。「猿廻」は、それを一番端的に表わす型になっています。この型では、打太刀と使太刀は、ほとんど同じ動きをします。勝敗が生まれるのは、二つの動きの間にわずかなずれを作ることによってです。陽の打太刀は先に動き、陰の使太刀はそれに応じて遅れて動く。陰は、始めから陽のなかに潜んで在り、陽の動きに従って外に現われる。現われてひとつの太刀筋になる。そういう身の置き方を、使太刀は会得していかなくてはなりません。また、それを会得させる型の稽古がある。

それにしても、打太刀が使太刀と同じ動きをするのは、どうしてでしょう。そんな対称性を想い描き、安易な約束事を前提にすることは、武術の稽古として致命的なのではないか。そう思う人が、きっといることでしょう。これは、なるほどもっともな反問です。しかし、「猿廻」の型が求めているのは、そのような反問が起こってくるところとは、まったく別の地点に立つことだと言えます。

　まず、「陽」としての打太刀がいる。この者の動き、太刀筋、間の取り方は、陰流そのものである。移香斎にとって、また伊勢守にとって、それが最上のものなのですから、そういうことになる。しかし、「陽」としてのこの打太刀のなかには、「陰」としての使太刀がすでに含まれていて、「陽」の動きは「陰」の顕われを引き出さずにはいられない。ですから、打太刀は、言わば自分の内なる使太刀におのずから負けることになる。勝敗という観点から言うと、そういう次第になります。

　けれども、伊勢守が「猿廻」のなかに観たものは、始めから勝敗の外に置かれたひとつの原理であったように思われるのです。その原理が、まさに陰流と呼ばれている。この流儀の術者は、一人にして二人、二人にして一人の二重性を帯びていて、対手をこの二重性のなかに引き入れる。それは、相手の動きを自分の「陽」とし、自分の動きを、相手のなかに入り込む「陰」とすることによってです。

　始めに動くのは相手です。が、それは相手の動きを待っているのではない。相手を「陽」として動かし、動く相手のなかに「陰」として入り込むためです。入り込めば、打太刀の「陽」は、おのずから使太刀の「陰」を自分の「影」のように引き出し、その「影」によって覆われ、崩されることになります。その原理の一切が、「猿廻」の型に示されていると言っていい。これを繰り返し、また繰り返し習えば、そうした原理のなかに、いつか我知らず参入する。そのような型として示されているわけです。

「陰」と「影」とのこの区別は、上泉伊勢守が「新陰流」を立てた時には、極めてはっきりと意識されていました。永禄九年（一五六六年）に伊勢守が柳生宗厳《やぎゅうむねとし》（石舟斎《せきしゅうさい》）に与えた「影目録第一巻　燕飛《えんぴ》」には、本文の表題に「新陰流」と流名を書き、その「陰」の字を斜線で消して、横に「影」と書いている。そちに「新陰流」の目録を授ける、いやちょっと待て「新影流」である、といったような様子です。あとに続く達筆の見事な漢文には、一字の書き損じもない。これほどのものを書く人が、選《よ》りによって表題の流儀名を不細工に書き変えるはずはありません。おそらく、斜線で消された「陰」の字は、横に並んだ「影」の字と共に生きているのでしょう。伊勢守は書き間違えたわけでも、訂正したわけでもない。このような書き方でしか伝えられないことを、宗厳には伝えた。そう言っているのだと思います。

「随敵」の教え

伊勢守が自分の流儀を「新影流」と書く時は、表に現われた剣技の外観を言っているのでしょう。これを教えることは、わけもないと言っていい。下手は下手なりに誰でも学ぶことができる。しかし、彼の流儀は「新陰流」である。これを教えることは、実は誰にもできず、習う者は、ただ流儀の型に従った一途な、際限ない反復稽古から、一種の跳躍が起こるのを待つしかない。

もちろん、動きとしての型の細部は、稽古の年月を経るにつれ次第に厳密に解明されていきますし、それに従って自分の動きを不断に修正していくこともできます。稽古とは、そういうものです。が、そうした動きが顕われる元のところ、潜在的な「陰」の領域、ここには、言わば跳躍によって一気に身を置く瞬間がなければ入り込めない。またその跳躍は、一回きりのものではなく、新しく何度でも起こるのを待つものです。この跳躍の仕方は、教えられない。そういう経験は、各人でみな異なっている。だから、各人が自分で行なうほかない。

そのようなわけで、上泉伊勢守が柳生宗厳に現実に教えることができたのは、「新影流」だということになるのです。その元にある「新陰流」は、今後も引き続き己《おのれ》で会得せよ、というわけです。目録書にある流儀名の訂正は、宗厳に向かって、お前などまだまだ、と豪《えら》そうに語っているのでは決してないでしょう。斜線で消された「陰」の字は、まさに消されたその形で、はっきりと記されているのです。

「猿廻」に戻って、もう一度考えてみましょう。第一の切り合いで崩された打太刀は、その体勢を立て直して使太刀の右肩に切りつけてきます。右足前、右偏身《みぎひとえみ》、前腕が交差する「逆勢」の切りです。この時、打太刀は使太刀の右側に大きく回り込む動きになる。使太刀は、この動きに従って、打太刀と同じ「逆勢」の切りで、相手が回り込む動きを崩すのです。敵の右拳を自分の肩の高さで観て、その右拳に切り乗る。自分の肩に切りかかる相手の右拳を、相手と同じ切り方で捉えることになります。右拳を捉えて、移動軸を崩し、切った刀を中段の高さに収める。これで「猿廻」は終わります。

型としては、打太刀が負け、使太刀が勝つ形になる。けれども、形などは何でもありません。敵に随《したが》って己を顕わし、敵がまさに切ろうとするところを切り崩す勝ち方には、演ずる者によって高さの度合が限りなくあります。もちろん、初心のうちは、そんな度合などわからない。ただ形を真似て、真似ることに達者になろうとするだけです。ほんとうの上達は、その先の一種の跳躍としてしかやって来ません。

〈敵に随う〉というのは、ここでは一番肝心なことで、新陰流ではこれを古来「随敵《ずいてき》」の教えと言って重んじています。随う、とは、ちょこまかと相手の動きに応じることではありません。「陽」となって敵が動けば、自分はその「陰」となって敵に乗り移り、それを言わば内側から崩すことを言います。崩す自分は、崩れる相手の内側から、あたかも一瞬で生まれ出た存在のように、そこにふわりと立つことになる。

敵と自分とが、反発の原理から解かれてひとつになる至高の法《のり》を、上泉伊勢守はこの「猿廻」の一手のなかにはっきりと観て取りました。勝つ側と負ける側とが、双子のように相似形を描いて円転するこの「猿廻」にこそ、彼が理想として求め続けてきた刀法の原理があったに違いありません。

もちろん、陰流が生み出す勝敗は、いつでもこのような相似形を描くわけではない。相手の動きも、力量も、心持ちも、現実には様々で、それらは無数の形を取るからです。そういうものに、いちいち付き合っていることが随敵なのではありません。ただ、円転して敵に随う働きというものを、極限において形に顕わすとしたら、このような相似形を描くことになる。「猿廻」の型は、その極限を示しているのです。

五　身を置く、ということ

猿のように歩く

上泉伊勢守《かみいずみいせのかみ》は、「予は諸流の奥源を究め、陰流において別に奇妙を抽出して新陰流を号す」と永禄九年（一五六六年）の「影目録」に書いています。この「別に奇妙を抽出して」というところは大事で、伊勢守にとっては、みずから立てた新陰流は、陰流の単なる改訂版ではなかったのでしょう。「新」の字には非常に重い意味があった。陰流のなかにあったほとんど無意識の革新を、自分は新たに摑《つか》み出し、拡大し、定着させた、という強い自信が、伊勢守にはあったものと思われます。

その陰流には、「猿飛《えんぴ》」と称する六本の組太刀《くみだち》（型）がありますが、新陰流ではこの名称は「燕飛」に改められている。人が猿をお手本にするのは、どうも自慢できる話ではないからでしょうか。前節で述べた「猿廻《えんかい》」は、この「燕飛」のなかの二本目にあたる太刀《かた》です。この太刀の名称では、猿の字がそのまま残されている。猿の動きには、やはりお手本にせざるを得ないところがあったのです。

猿の動きのどこが、お手本になるのでしょう。猿の歩き方は、四足で移動する動物と直立歩行の人間との中間にあります。猿は、直立歩行を始める直前の、人間の歩き方を示してくれている。つまり、その直立歩行はまだ大変不安定で、すぐに四足歩行に引き戻されてしまうのです。ここにある〈不安定〉から、陰流の開祖、愛洲《あいす》移香斎《いこうさい》は一種の霊感を得たに違いありません。

立ち上がった猿の不安定は、どこから来るのでしょう。それは、よく見れば明らかです。直立のままでは、地を蹴って前に進む、という歩き方ができないところから来ています。立つことはできても、長く歩くことはむずかしい。したがって、人間が直立歩行を完成させたのは、二本の足だけで地を蹴って歩くことに、ついに習熟したからでしょう。この習熟には、慣れによる鈍感さが伴っています。均衡を崩したままで、平気で前後左右に揺れながら、のこのこ歩くのが人間です。猿には、こういう粗野は耐えられません。

けれども、猿の二本足歩行には、また別の習熟の仕方が、可能性としてありました。それは、地を蹴ることをやめる歩き方です。猿が身を起こして立ち上がる時、腰の部分は少し後ろに突き出して、尾骶骨《びていこつ》の上、仙骨《せんこつ》のあたりが、空に向けて垂直に吊り上がったようになっています。両足の膝は少し曲がって、膝から下だけがまっすぐ地面に立っている。両手は前に垂れ下がって左右に軽く振れています。

人間の歩き方はどうでしょう。たいていの場合、立っている時は、膝関節が伸びきっていて、上体はすっかり骨盤の上にのっています。歩く時は、前足をつま先から持ち上げて出して踵から着地し、後ろ足は踵を上げて、つま先で地面を蹴っています。つまり、地面に反発して体を押し出しているわけです。四足で歩く時のやり方が、そのまま二足歩行に適用され、それがはなはだしい変形を受けている。

反発の原理を使ったこの直立歩行には、よく見ると、文化によってさまざまな程度の差異があるとわかります。大雑把に言うと、狩猟、牧畜に主な生活基盤を持っていた西洋人は、反発の原理による歩行を強く行なうようです。これに対して、農耕に、特に水田耕作に主な生活基盤を持っていた東洋人の歩行は、反発の原理に訴える度合が低いと言えるでしょう。

反発の原理に訴えずに歩く時、人はどうするのでしょう。やはり、猿と同じく、膝を少し曲げ、膝から下の両脚をまっすぐに地面に下ろして、足の裏全体で歩くのです。腰は仙骨のあたりから吊り上げられたようになる。上体だけは、猿とは違って、まっすぐに立てられている。この姿勢では、両手はだらりと両腿の付け根あたりに置かれたままで、前後に勢いよく振られることはありません。稲作を生活基盤とした東洋人のなかには、こうした歩き方の傾向が確かに見られます。完成しているわけではないが、その傾向がはっきりと見られるのです。

自然の内に参入する歩行

狩猟を中心にした身体の動きが基盤になっている文明では、反発の原理は強化され、多方面に拡大されていくでしょう。狩猟生活とは、獲物を追って殺す生活であり、同じ獲物を求める他の動物や人間たちと争う生活です。闘いや争いは、狩猟に基づく文明の前提になっています。そうした生活のすみずみに、反発の原理は行き渡っている。それは肉食獣の行動定式だと言ってもいい。立つこと、歩くこと、走ること、武器を持って相手と争うこと、すべてが反発の原理によっている。

腰を屈めて地を耕し、苗を植え、稲を刈り取る生活では、殺すことではなく育てることが、争うことではなく協力し合うことが、避けることの出来ない必要事になります。愛情や信頼のない水田農耕というものは、実際には成り立たない。こういう文明では、動物的な反発の原理は弱められていく。稲の内側に入り込んで、稲と共にその年々の生命を養い続けていく方法が大切なのです。日本刀の美しさが、こうした生活を無窮のものにしようとする祈願から生まれたことは、すでに述べました。

室町時代末期に頂点に達した日本の剣法は、このような日本刀の使用法を完成させたものでした。日本刀の美しさに真にふさわしい剣の法《のり》が、この時代において初めて摑み取られたと言っていいのです。それは、まず、剣を使う者の体のなかから、徹底して反発の原理を消すこと、自覚して棄てること、これを出発点にしています。この動きは、反発の原理に強く訴える狩猟民の文明からでは、なかなか発想されえないものだったのではないでしょうか。

たとえば、洋服ですが、これを着ることが歩きやすい、走りやすいと感じられるような動きは、反発の原理によっているのです。幕末に黒船が来て、近代的兵備の脅威をはっきり見せつけられると、日本人は一斉に洋服と西洋式軍事調練のほうになびくようになる。和服を着るのは、はなはだしく行動に不利と思われてくる。実際、近代的軍隊の行動様式を採るのなら、それはあたりまえのことでした。

農の暮らしでは、どうだったでしょう。古い写真を見ると、日本では昭和の初期くらいまで、筒袖の和服の裾を端折って股引をはいている農民がたくさんいます。農作業の大部分が近代化されていないところでは、彼らの身体の動きは、洋服と関係のない仕方を保っていたのでしょう。この動きは、日本の古い芸能にある動き方と当然連続しています。すべては、同じ稲作文明の上に立てられている。

反発の原理によって動くことは、少なくとも脊椎動物の行動には共通のことですから、これは当然アジアの生活のなかにもある。問題は、この原理を、直立歩行のなかで無理にも強固なものにするか、薄めて別の動き方を生み出すかにあります。人間が植物と融和する稲作文明では、後者の方向が選ばれていくでしょう。この方向には、さまざまな程度の差があり、多様で不確実な面がたくさんあります。

人間は動物だから、動物的な動きが自然だと言うのなら、反発の原理を薄めていく動きは確かに不自然なものだと言えます。けれども、反発の原理で行動することは動物の世界での自然に過ぎず、この天地の流れは、もっとはるかに大きなものでしょう。その流れの内に深く身を置く歩行が、人間の文明から生まれて悪いわけはありません。それは、動物の自然より、もっと大きく、深い自然のなかに入り込む歩行です。

上泉伊勢守が陰流から引き出した「奇妙」とは、この大きく、深い自然のなかに、我が身が直接に、明瞭に入り込む通路だった。そう言ってもいいでしょう。自然のなかにそういう通路を開くことは、人間の直立歩行に至って初めて可能になった。あるいは、直立歩行の試みのなかに、いつも可能性として含まれていたわけです。人間は、自然との関係において、獣以上の存在でありうるのです。幕末の日本人が初めて見た西洋式の軍事調練は、そうした可能性をすっかり閉ざしてしまう運動原理を表わしていました。ガス灯や鉄道や軍艦に説得されたように、日本人はこのような軍事調練に説得され、その延長上にある「スポーツ」にも説得された。

身勢――新陰流の立ち方・歩き方

さて、新陰流剣法の稽古は、必ず日常の立ち方、歩き方を深く変更するところから始まります。野球やテニスを始めるのに立ち方や歩き方を変える必要はない。洋服を着た日常生活の動きそのままを強化していけばいいわけです。しかし、これでは刀身一如となった振りはできないし、移動軸の前進で相手の移動軸を崩す、というような技も演じられません。腰が吊られ、足が浮き、膝の突っ張りが抜けた状態でなければ、新陰流の太刀筋を正確に出すことはできないのです。太刀筋を正確に出すことができなければ、相手との関係を生む間積《まづも》りも、拍子も習うことができません。

新陰流では、そのような立ち方、歩き方、身の置き方を「身勢《しんせい》」と呼んで、必ずこれを第一に学びます。何も持たずに、まず立つこと、歩くことを繰り返し稽古するのは、とても大事なことで、流儀に入っていくための土台作りをするわけです。次いで刀の振り方、すなわち「太刀筋」を習い、切り合いの際の「拍子」と「間積り」を習います。「身勢」「太刀筋」「拍子」「間積り」と進んでいくのです。

もちろん、ひとつが完全にできて、次に進むのではありません。この順序で入って繰り返し習いながら、次第に全体がわかるようになっていくしかない。流儀の「太刀《かた》（型）」は、こうしたことを教え、自得させるために創られていて、生涯にわたる稽古の内実そのものです。そして、その入口は間違いなく「身勢」、身の置き方の感得にあります。

あたりまえのことですが、立っている時、人の身体が外界と接しているのは足の裏だけです。地面と身体とのこの接触をいかに行なうかは、これ以後のすべてを決定する大切な習いになるでしょう。

新陰流では（日本の多くの武芸もそうでしょうが）、地を踏む両足は、その親指を軽く反らせて持ち上げます。立つ時も、歩く時も、走る時も、両足の親指は反って地面から浮いています。したがって、踵が地面にいつも着いていることになる。これは、地を蹴って前進するスポーツのような運動、反発の原理による運動では考えられないことです。けれども、やってみてください。足の親指を地面から離すことは、それだけでもう私たちに不思議な解放感、身の軽さの感覚を与えます。

次に両膝をほんのわずかだけ曲げ、腰を空に吊り上げるようにし、反対に下腹の部分は腰から吊り下げるように垂直に沈めてみましょう。足の裏全体と地面との接触は、両脚が仙骨からぶら下がった二本の紐のように感じられて、軽く、自由になります。この足で歩く。ひたすら歩いて、歩いて、日常生活が慣れさせている反発の原理から、我が身のしばりを、内側から解除するのです。両手に日本刀を持った刀身一如の振りは、その先でしか実現できないでしょう。「身勢」を習うことなしに、「太刀筋」を習い修めることは決してできないのです。

次章では、新陰流が持つこの「太刀筋」の体系について、具体的に述べていくことにしましょう。

第三章　太刀筋の体系

一　何を「太刀筋」と呼ぶのか

十通りの太刀筋

新陰流に言う「太刀筋《たちすじ》」は、「太刀路《たちみち》」と呼ばれるものからはっきり区別されています。「太刀路」の意味は簡単なもので、振られる刀が通った空間内の軌跡のことを指します。だから、下手な人がやたらに振りまわす刀にも、それなりの「太刀路」が必ずある。「太刀筋」は、そういうものではありません。

「太刀筋」では、まず切りの角度が厳密に定められています。新陰流で、最も代表的で、よく用いる切りの角度は、幾何学式に言うなら四十五度です。垂直線に対して四十五度の傾斜を持った切り筋です。次によく用いられる角度は、十五度でしょう。でしょう、と言うのは、分度器で計ったわけではないからですが、計れば間違いなく、その値になると思います。これら二つの切り筋の角度は、天地を垂直に通す切り筋に収束し、またそこから発しているものだと言うこともできます。つまり、新陰流を代表する切り筋の角度は、垂直と四十五度と十五度の三つ、ということになる。そして、後で述べるような例外の角度がわずかばかりある。実にさっぱりしたものです。

「太刀筋」は、これらの角度のうちのどれかに、必ず収まっています。たとえば、切りの角度が三十六度とか四十一度とかになっているとしたら、その太刀筋は狂っているのです。狂うと、どうなるのでしょう。太刀の振りと体軸の移動とが完全に一致して、相手の動きを崩すような働きが起きなくなります。これが起きなくなると、単なる勝敗を超えて勝とうとする上泉伊勢守《かみいずみいせのかみ》の理想は失われてしまうのです。

したがって、このような太刀筋こそは、流儀の根本を成すもの、欠くことのできない土台だと言えます。太刀筋は、それを現わす時の身の置き方、移動の仕方とまったくひとつになったもので、全身の動きを通してしか分類することができません。空間内で振られる刀の軌跡によっては説明できないし、学ぶこともできません。

私は、新陰流の型稽古を重ねた経験から、この流儀は、およそ十通りに分類できる太刀筋から成っていると信じるようになりました。十の太刀筋は、互いに連関し、接続されていて、全体が円転して尽きることのない運動体のようになっている。二人で演じる流儀の「太刀《かた》」を学ぶ前に、まずこれら十通りの太刀筋を、独り木刀を執って稽古してみることは、たいそう有効だと、私は思っています。このような稽古法は、かつてなかったもののようですが、私はこれこそが、「太刀《かた》」の無原則な崩れ、変形に歯止めをかけてくれるものだと考えています。

四百年以上も前に創られた剣法の型が、人から人へ、そのままの姿で伝わることは、ほとんどあり得ないでしょう。「太刀《かた》」を正確に伝えることは、再び創ることに等しく、それに見合った努力と天分とが要ります。熱意の継続も、なくてはなりません。そういう人間は、歴史のなかにめったに出るものではありませんから、「太刀《かた》」が変質し、似ても似つかないものになっていくのは、どうも仕方がない。けれども、私の言う十通りの太刀筋は、「太刀《かた》」を形成する基本元素ですから、これをまずきちんと身につけておけば、「太刀《かた》」の本質が、再興不可能なまでに変わってしまう、ということはないでしょう。

「手の内」の大切さ――執刀法

では、その十通りの太刀筋を、可能な範囲で文章に書いてみましょう。しかし、その前に刀の握り方、執刀法について、簡単に述べておかなくてはなりません。

刀の柄は両手で持ち、右手を上、左手を下にします。両手とも、小指を最も強く締め、次に薬指、中指と握る力を緩めていきます。人差し指と親指とは、ほとんど柄に触れる程度にし、二本の指が丸く円弧を描くようにする。円弧の頂点、二本の指がつながる部分を、新陰流では「たつのくち（太刀之口）」と呼びますが、ここに柄の背の部分（刀の峰《みね》の側）を正確に当てます。握られた柄の背が、掌の底部をまっすぐ通るようにすることが大事です。柄頭が左手の外に出るのは、よくありません。

小指を強く締めるのは、腕の下から小指へと通る「下筋《かきん》」を引き締めるためで、振りに用いる腕の筋肉は、いつもこの「下筋」でなくてはいけません。親指と人差し指で強く握ると、肩から「たつのくち」へと通る「上筋《じょうきん》」を引き締めることになり、これは、俗に言う「肩に力の入った」、つまり反発原理に頼った打ちを誘発する握り方です。

刀の執りようを剣法では、一般に「手の内」と呼び、その大切さをやかましく言います。が、「手の内」が、なぜそれほど大切なのか、決定的と言っていいほど重要なのかは、かなり稽古を深めていかないとわからないでしょう。「手の内」の大切さがわかっていく度合は、剣の上達の過程とぴったり重なっているのです。それは、なぜでしょうか。

写真8　真っ直ぐの中段（構え）

「手の内」は、身体と剣との唯一の接合点になっています。「刀身一如」がなるかならないかは、ひとえに「手の内」にかかっている。言い換えれば、「刀身一如」が完全に体得されない限り、「手の内」が完成することはないのです。私なども、「手の内」の大切さが昔の人のようにわかっているとは、とても思えません。できないことは、決してわか

（右から）**写真9・10　雷刀からの切り**

らず、わかる、ということは、稽古のなかで積み重なる〈新しい経験〉としてしかやって来ません。

　刀を両手で正しく持ち、体を真っ直ぐ正面に向けると、手に執った刀の位置はおのずと体の中心線に来ます。手の内を動かさず、刀の切っ先を前に向けて上げていき、柄の真ん中が自分のみぞおちくらいの高さに来た時の構え（写真8）を、新陰流では「真っ直ぐの中段」と呼びます。この時、刀の切っ先は自分の眉間くらいの高さにあります。この中段の構えから、さらに刀を上げていき、柄が頭上に来るまで取り上げた時の構え（写真9）を、新陰流では「雷《らい》刀《とう》」と呼びます。

十通りの太刀筋の第一は、この雷刀の構えから、中段まで真っ直ぐに刀を振り下ろす切り筋です。体の中心線を通すようにして、真っ直ぐに切り下げるのです。切りながら、右足を大きく踏み込み、後ろの左足もほんのわずかだけ前に出します。この時、前の右足は真っ直ぐ前を向き、後ろの左足は四十五度左に開いていています（前頁　写真10）。

踏み込んだ時、後足の踵は、決して上げてはいけません。地面を足先で蹴って前に出ようとすると、踵は自然に上がってしまいます。反発原理によるこの移動が、いけないのです。刀を振り下ろすのと同時に、体の中心線が真っ直ぐに前へ出る。この時、気をつけることは、刀の切り収まる瞬間と、前進する前足の停まる瞬間とを一致させるようにすることです。この一致があってこそ、刀の振りに体重の移動がきちんと伝わります。やってみると、これは案外とむずかしい。振り下ろしている間、前進中の前足はずっと浮いているのですから、我が身がとても不安定に感じられる。踏み込みと振り下ろしとのこの一致は、初めは意識してやってみない限り起こらないでしょう。

自己の中心を切る——真っ直ぐの太刀筋

たいていの人は、刀を振らせてみると、前足をまず踏み込んで着地させ、足を安定させた後に、打ちを出そうとします。そういう振りは、腕の力だけに頼ったものです。また、振る時すでに前足は停止しているのですから、相手にずいぶん接近して腕を上げていることになる。振る瞬間に、隙だらけになる動きと言えます。

体の中心線（人中路《じんちゅうろ》）に沿って真っ直ぐに刀を下ろす時、振り下ろすその刀の峰《みね》に、顔が軽く引っ張られていくような感覚を持つことは大事です。振る時に、顔を後ろに引くことは、最もいけません。そのようにすることを、江戸前期の新陰流伝書では「面《おもて》を引く」「身と手が離れる」と言って強く戒めています。望ましいのは、打ちに「面《おもて》を付ける」ように出ることだと書いてある。これは、まるで現代の私たちのために書いてくれているような、かなり初歩的な注意ですが、こうしたことができないと、肘関節の屈伸を使った反発原理による振りとなってしまいます。打ちと体とが、離れて反発し合う、腕だけの切り合いです。こういう時には、必ず腕の上筋が収縮しています。すでに江戸前期には、そうした動きを離れられない人が、新陰流のなかにもたくさんいたのでしょう。伝書がわざわざ明記しているのは、そのためと思われる。

体重の移動と振りとが完全に一致している場合には、この正面の切りは、自然に腕の全体を使って行なわれます。肘や手首の関節が動くことはありません。肘の屈伸で刀を前に押し出したり、手首のスナップを効かせて振ったりする動きは、おのずから消えます。このことは、「刀身一如」となるための大前提です。

さて、体の中心線を移動軸にして、ひたすら真っ直ぐに刀を下ろすことですが、実は、これは簡単なことではありません。やってみれば、太刀筋は、たいてい曲がったり、斜めになったりしてしまうでしょう。真っ直ぐに向いて、踏み込む、ということが、まずむずかしい。体が左右に開いたり、中心線が曲がったりしてしまいます。それに応じて太刀筋も歪む。左右の「手の内」に入る力は、不均等になり、肘や手首の関節が使われて、いっそう歪んだ振りになる。

体の開きや中心線の曲がりを根本から消すには、結局のところ、前章で述べた「吊り腰」の立ち方、歩き方を習得するしかありません。肘、手首の関節を使わない刀の振りは、その身勢から自然に生まれてくるでしょう。人が体を動かす原理は、いい原理でも、悪い原理でも、動きのすべてを連関させています。新陰流の剣法では、その原理の起点は、やはり「吊り腰」の身勢にある。これが身につけば、移動軸の歪みはなくなり、身と手が離れる打ちはなくなり、前足の停止と刀の打ち収まりとは、おのずから一致してきます。

それにしても、こうまでして真っ直ぐに刀を振ることが、どうして求められるのでしょう。現代において、剣道をやっている人は、相手の頭をまっすぐ打ちにいく場合でも、たいてい腰が左に開いて、切り筋は右斜めになっています。肘と手首の関節は、存分に使われている。これはこれでいいのではないか、と思う人もいるでしょう。実際、幕末の剣術諸流派がやっていた防具打ち合いも、ほぼこうしたものだったでしょう。

しかし、何度も言いますが、上泉伊勢守が今も私たちに求めていることは、ただ勝つことではありません。勝つことをはるかに超えて、彼我の優れた関係を厳密に創造することなのです。真っ直ぐの太刀筋が、あくまでも真っ直ぐであることは、こうした創造を可能にさせる身の置き方の自然な帰結のひとつとして起こってくるに過ぎません。

新陰流に「十文字勝ち」と称する究極の一手があります。敵が自分の体の左右、顔、肩、腹、腰いずれに打ってきても、中心線を真っ直ぐに通す一太刀で、敵の拳を打ち落とすのです。これは、身勢、太刀筋、間積り、拍子が完全である場合にだけできることです。自分の太刀筋に歪みがあれば、よくて相打ちでしょう。「十文字勝ち」は、単なる勝ち口ではありません。新陰流が、彼我の関係を創る際の、根幹の態度を明示した極意の一手と言えるでしょう。真っ直ぐの太刀筋は、その極意に向けて、ひたすら稽古されるのです。

二　青岸の太刀筋

青岸の構え

新陰流の剣法に、十通りの厳密な太刀筋《たちすじ》を認めてよいことは、前節で書きました。新陰流という〈流儀〉は、これらの太刀筋で成る円環状の体系であると。これらの太刀筋の間には、一定の順序、序列のようなものがあるのでしょうか。あると言えばあり、ないと言えばないのです。

十通りの太刀筋は、すべてが連関しあって円環状の体系を成していますから、どこから始めて、どこに繋がり、どう展開して終わろうと、同じことです。同じことだということを、新陰流のさまざまな太刀《かた》が明示しています。このことは、稽古の前提です。

けれども、流儀を支える上での重要性の位階とでも言うべきものが、これらの太刀筋の間には、はっきりとあります。前節で叙述した〈真っ直ぐの太刀筋〉は、最高の極意である「十文字勝ち」になって現われるものですから、これが第一の太刀筋であることは、言うまでもありません。が、この太刀筋は、最初に習うものであると同時に、最後に習うものでもあるでしょう。なぜなら、流儀の円環をはっきりと閉じる最後の一手が、「十文字勝ち」であり、この〈真っ直ぐの太刀筋〉だからです。

垂直の角度で切り下ろされるこの太刀筋が、流儀の円環を閉じるものだとしたら、その円環を絶えず開いたままにしておくのは、四十五度の傾斜角を持った太刀筋です。四十五度に傾斜する太刀筋には、四通りのものがあり、これら四つの太刀筋はどこまでも連続します。これらこそが、流儀の円環を、開かせ続けるものなのです。

四つを、順番に説明していきましょう。

けれども、この順番は、ほんとうにあるものでしょうか。稽古の手順としては、はっきりあると言えます。円環がいったん会得されてしまえば、当然ながらこの順番は、おのずから意味のないものになるでしょう。そういう意味での順番で、説明していきます。

まず、新陰流では、流祖以来「青岸《せいがん》」の太刀筋と呼んでいるものがある。これが、四十五度の傾斜角を持つ一番目の太刀筋です。

これを正確に行なうには、まず青岸の構えができていなくてはなりません。右足を前に、左足を後ろにして立ち、左腰だけを左に四十五度開いて立ちます（次頁　写真11）。この時、右足は真っ直ぐ前を向き、左足は左に四十五度で開いています。こうした種類の立ち方を、一般にはよく「半身《はんみ》」と言いますが、新陰流では「右偏身《みぎひとえみ》」と呼びます。開く角度は、「青岸」の構えでは四十五度とはっきり決まっていて、そこが単なる「半身」と違うところです。

刀の構え方は、どうなるでしょう。前節で説明した「真っ直ぐの中段」の構えでは、両拳は、真っ直ぐに立った体の中心線に置かれていました。身を左に四十五度開いた「青岸」の構えでは、刀を持つ両拳もまた左に開きます。左手が左腰のほうに、右手が体の中心軸から右寄りに移ることになる。この時、刀の刃は、垂直線に対して右側に四十五度傾斜しています。切っ先は、相手の首の左側、頸動脈のほうに向けて付けます。これが、新陰流に言う「青岸」の構えです。

この構えから出される青岸の切りですが、腕をまずそのままの形で右肩上方に上げていきます（写真12）。続いて、右足を前に踏み込んで、さらに両腕を元の青岸に戻しながら刀を振り下ろします（写真13）。右足を踏み出した時、後ろの左足もわずかに継ぎます。切りの角度は、右上から左下への四十五度になり、前進の際に使われる体の移動軸は、右の膝から右の胸を垂直に通る線上に真っ直ぐ置かれています。これが、「青岸」の太刀筋です。

写真11　青岸の構え（右偏身）

円相に収める——「一歩長」の立ち幅

ここで、両手が刀の柄を持つ位置と歩幅との連関について、ひと言説明しておかなくてはなりません。

（右から）写真12・13　青岸の構えからの切り（順勢　四十五度）

戦場で重い鎧を着て切り合っていた頃は、両足の幅は構えた時から広いものでした。だいたい自分の肩幅が両足の間に入るくらいの広さです。これを「一歩長《いっぽちょう》」の立ち幅と言います。平服での切り合いが中心になってくると、この幅はだんだん狭くなっていきます。最も狭い場合には、前足はその足の縦の長さの分だけ前にある。これを「一足長《いっそくちょう》」の立ち幅と言います。

真っ直ぐの中段の構えでも、青岸の構えでもそうですが、立ち幅が「一歩長」である場合には、構えた刀の柄頭《つかがしら》と体との距離は一尺（約三十センチ）ほどになる。立ち幅が「一足長」なら、柄頭と体との距離は拳がひと握り半くらい入る程度になる。これは、自然な連関としてそうなります。実戦では、構える時の両足の立ち幅は、「一足長」と「一歩長」の間で無数に設定されていい。それに正確に呼応して、柄頭と体との距離は無数に伸び縮みすることになります。立ち幅が広いのに、両拳を手前に引いて腹につけている構えは、ちぐはぐで滑稽なものです。反対に、立ち幅が狭いのに、両拳を遠く前に突き出している構えは、俗に言うへっぴり腰で、これも不格好なものです。素人が真剣で戦うはめになったら、たいていはこの形になるでしょう。

大切なのは、打ち込んだ時の立ち幅です。これは必ず「一歩長」に維持されていなくてはなりません。右足を大きく踏み込んで、左足を継ぐ時、この左足は右足との間に「一歩長」を保つ位置で、自然に止まらなくてはなりません。接近した間合で、右足の踏み込みがほんのわずかでしかない場合は、どうするのでしょう。右足を踏み込んだ瞬間に、左足を後ろに引いて「一歩長」の立ち幅を作ります。

したがって、真っ直ぐの中段や青岸の構えから出された打ちでは、必ず自分の体から一尺くらいのところに柄頭が自然に収まるようになるのです。このように切り収めることを、新陰流では「円相に収める」と言います。円転極まりない動きが、ふと静止して現わす最も自然な姿が「円相」です。青岸からの切りが、青岸の「円相」に収まって静止する瞬間は、非常に美しいものです。

打ち込んだ時の立ち幅を「一歩長」に維持するのは、何故でしょうか。たとえば、現代剣道をやっている人のいわゆる素振りを見ていると、打ち込んだ後の左足は、前の右足にふれてしまうほど引き寄せられています。つまり、「一足長」の立ち幅になっている。その時の重心の動きを見ると、体重は頭の上のほうに持ち上がってしまい、体重が移動する方向と切りの方向とが一致していません。体重の移動を切りの方向に一致させ、その移動によって切る、という原則を一貫して保つには、打ち込んだ時の立ち幅を「一歩長」にしなくてはならないのです。

青岸の構えから右足を大きく踏み込み、左足をわずかに継いで前進した場合には、体重は正確に水平に前進して、両足は「一歩長」の立ち幅に収まります。打つ時に、右足をやや踏み込み、左足を後ろに引いて「一歩長」を作る場合には、体重はわずかな前進と下への沈みを伴います。したがって、切りの力も、体重の前進と沈みとの複合で成り立つことになるのです。何にせよ、切りを体重の移動と完全に一致させなくては、青岸の太刀筋から出る技を完全に使うことはできません。

柄中に勝つ

青岸の太刀筋は、たとえば、どんな技を出すことができるでしょう。最も代表的な、簡単な例で説明してみましょう。

青岸の構えを取り、右偏身のままでするすると進んで行き、敵もまた同じように進んで来る。歩きだす前の彼我の距離は、五間（約九メートル）ほどがいいでしょう。この距離のことを「立ち合い間合」と呼びます。剣ができる者なら、互いに一瞬で詰めることのできる距離です。互いに間《ま》を詰め合って、両者の太刀先が軽く触れ合うくらいのところにまで来た時、敵が青岸の構えから、四十五度の切り筋で、こちらの左肩のあたりへ切り付けてくるとします。こちらは、切りつけてくる相手の左拳が自分の右肩の高さに下りてくるところをはっきりと観て、その左拳を青岸の太刀筋で切ります。つまり、彼我、まったく同じ太刀筋を出して、後から動いた者が勝つわけです。

この立ち合いで最も大事な点は、自分の右肩から右膝を通る移動軸の線に、切り付けた瞬間の相手の左拳が、正確に位置していることです。切っ先から三寸くらいのところで、自分の刀は相手の左拳を切っている。自分の刀と相手の拳とのこの接触点が、右偏身の移動軸の先に、およそ肩の高さにあること、これが重要なのです。これによって、自分の太刀筋は、ただ相手の拳を切るだけでなく、切り込んでくる相手の体勢を、その動きの途中で大きく崩すことが可能になります。

相手が低くこちらの腰のあたりへ切り付けてきた場合はどうでしょう。青岸の太刀筋で相手の左拳を切るには、切る瞬間に相手の拳の位置が自分の肩の高さにあるくらいまで、身を低くする必要があります。さらに低く脚のあたりに切ってくる場合には、こちらは後ろの左膝が床に着くくらいまで低くなります。そういう関係を取らなければ、切ることがすなわち崩すことになるような、彼我の接点を持つことができません。

なぜ、左拳を切るだけではだめなのでしょう。左拳と刀とを彼我の接点として、相手の体勢を崩す必要があるのでしょう。この質問には、さまざまな次元で答えることができます。まず、最も分かりやすい次元で答えるとすれば、相手の攻撃を封じて、相打ちを避けるためです。体勢が崩れていなければ、相手は左拳を切られたまま、右手で刀を打ち込んでくる可能性があります。いや、必死の切り合いでは、必ずそうするでしょう。これは、スポーツの試合ではありませんから、こちらが、わずかに先に打った、などということは何事でもないのです。

相手の左拳を通して、相手の体勢を切り崩した場合には、こちらの刀の切っ先は相手の首筋にぴたりと付きます。そのままの構えでちょっとでも突けば、致命傷になるでしょう。致命傷を与えずに済む場合には、そのまま元の青岸に引き取ればいいのです。

すでに述べたように、切る個所を彼我の接点として、相手の体勢を切り崩すやり方は、陰流《かげりゅう》の体系に顕著なものでした。上泉伊勢守《かみいずみいせのかみ》が、陰流に出会って開眼したのは、まさにこの点においてでした。このように相手を切り崩して勝つことは、単に相打ちを避けるためだけに行なわれるのではありません。〈勝つ〉ということを、彼我の運動のうちに在る、ひとつの絶対の関係として抽《ひ》き出し、創りあげるために行なわれるのです。このように〈勝つ〉ことは、勝敗も生死も超えて敵に優越することです。

新陰流では、伊勢守が考案した袋竹刀《ふくろしない》（馬革の袋に割竹を差し込んだもの）を使って稽古をします。青岸の太刀筋で、このように左拳を打つ場合には（あるいは、前節で述べた「十文字勝ち」の場合でも）、拳を打たずに相手の両拳の間に見える竹刀の柄を打つことが多いのです。これを「柄中《つかなか》に勝つ」と言います。手を打たれれば痛いから、便宜上そうする、というのではありません。柄中に勝って、相手の体勢を切り崩せば、敵を傷つけずに済む場合があるでしょう。負けを悟らせるだけで済む場合がありうる。これが、上泉伊勢守の新陰流なのです。

三　裏に抜けて勝つ

「斬釘」の太刀筋

新陰流では、四十五度の角度に切る太刀筋が四つあり、その四つがひとつの円環を成していることは、すでに述べました。この節では、四十五度に切る二つ目の太刀筋について書いてみることにしましょう。

この流儀で太刀筋を区分するのに、「順勢《じゅんせい》」「逆勢《ぎゃくせい》」という用語がしばしば使われます。前節でお話しした「青岸《せいがん》」の太刀筋は、「順勢」のうちの代表的なものです。いちばん簡単に言えば、「順勢」とは、切り収まる時に両腕が平行状態になる切り方のことで、「逆勢」では両腕が交叉する形で収まります。これから説明する「斬釘《ざんてい》」の太刀筋は、「逆勢」の代表格と言っていいでしょう。

上泉伊勢守が新陰流を完成させたのは、「三学円之太刀《さんがくえんのかた》」という五本の型で成る組太刀《くみだち》（この言葉を新陰流では、あまり使いませんが）を創り上げた時でした。新陰流の本体は、この太刀《かた》のなかにあり、これが含む五本の動きの円環に尽くされています。その「三学円之太刀」の二本目にあたる「斬釘截鉄《せってつ》」という型、これに用いられる太刀筋を、私たちは略して「斬釘」の太刀筋と呼び慣わしています。これから、この太刀筋について詳しく説明していきましょう。

「斬釘」の太刀筋は、「逆勢」に当たりますから、切り収まった時に両腕が体の前で交叉する形になります。「青岸」の太刀筋では、右足を前にして、右偏身《みぎひとえみ》で踏み込みましたが、「斬釘」では左足を前にして踏み込み、右足を後ろに引いて左偏身《ひだりひとえみ》になります。刀は自分の頭の左横から切り出して右下の方へ、両拳が自分のみぞおちの高さに来るまで切り下げます。つまり、その位置で両腕が交叉して、「斬釘」の切りが収まるわけです。左肩が前、右肩が後ろになります。具体的な攻防の典型例に即して、書いてみましょう。

まず、自分が「青岸」の構え（一〇二頁　写真11参照）を取っているとします。右足が前で、体は左に四十五度開き、両手に持つ刀は右に四十五度傾斜しています。この時、相手がこちらの左側頭部から右手首の内側にかけて、四十五度の青岸の太刀筋で切り付けてくる。こういう場合、相手が切りかかる側頭部を「嶺《みね》」と言い、切り収めようとする右手首の内側を「谷《たに》」と言います。新陰流の切りでは、ほとんどの場合、何らかの形で敵の体に「嶺」と「谷」とが想定されていて、太刀筋はこの二つの点を直線で結びます。敵の動きを、線で切り塞ぐようにして攻めるのです。どこか一カ所をポンと打つだけでは、太刀筋と言えるものにはなりません。

さて、これに対する「斬釘」の切りはどうなるでしょう。こちらは自分の右側頭部に切りかかってくる相手の刀を、青岸の構えから自分の刃で撥ね上げる気持ちで、そのまま左上に上げます。

（右から）写真14・15　斬釘（青岸から逆勢　四十五度）

この時、両手は一瞬左耳の横にあり、刀は右側に四十五度傾斜している（写真14）。そこから直ちに刀を逆勢に返して、両腕を交叉させ、左足を踏み込んで右足を大きく引き、順勢に切りかかってくる相手の右手首を、左上から右下にかけて逆勢に切り下げます（写真15）。この逆勢の切りは、相手が切り下ろしてくるのと同じ向きに、言わば相手の籠手を裏側から切り下げることになるのです。相手の切りを、あたかも裏から助けてやるような切り筋です。こういう勝ち方を、この流儀では「裏に抜けて勝つ」と言います。

垂直に沈む

もっと詳しく説明しましょう。青岸の構えから「斬釘」の切りを出すこちらの身勢《しんせい》は、右偏身から左偏身に一挙に転換されます。この転換に呼応して、頭の左上に、順勢に持ちあげられた刀は、持ち手を返して逆勢に変化し、相手の右手首を自分の左上から右下へかけ四十五度の角度で切り下げます。この時、自分の体は、相手に対して完全な左偏身になって収まります。完全な、と言うのは、相手に対して体がすっかり真横を向いているという意味です。自分の顔はもちろん相手の顔に向けられていますが、右肩は大きく後ろに開いて横向きになっている。この時、二本の前腕は、体のちょうど中心線で交叉しています。意識せずとも、自然にそうなる。この形が、「斬釘」の太刀筋が収まるところです（前頁　写真15）。

これは重要な点ですが、「青岸」の太刀筋で「順勢」に切った時には、体は左に四十五度開いている。「斬釘」の太刀筋で「逆勢」に切った時には、体は右に九十度開いて、相手に対して真横に向いてしまいます。「斬釘」は、なぜ「青岸」と左右対称の四十五度の開きにならないのでしょうか。この非対称は、両手で太刀を持つ剣法が強いられる必然と言っていいものです。

「青岸」の太刀筋では、前に出る肩と手とが、どちらも右で一致している。「斬釘」では、前の肩は左肩になり、前の手はもちろん右手です。この不一致は、「斬釘」の太刀筋を、ある意味で不利なものにしています。

「斬釘」の太刀筋を四十五度の開きで行なえば、どうなるでしょう。太刀先は相手の右籠手に届かないところで停まってしまいます。それをそのまま届かせようとすると、右手首の関節をこねるように右に動かすしかありません。その時、手の内、太刀筋、身勢のいっさいが崩れてしまい、刀身一致した「斬釘」の打ちは成り立たなくなってしまうのです。この理は、よほど稽古した人でも気付かない場合が多いのですが、そういう結果になります。

「斬釘」という太刀筋の不利な点は、前の肩が左で、前の手が右であるために、切りそのものが著しく〈伸び〉を欠く点にあります。簡単に言えば、遠いところにあるものを打つことがむずかしい。打つためには体全体が、相手にかなり接近している必要がある。「青岸」の太刀筋では、切り収まった時の両手の位置は、体の移動軸よりずっと先にいきますから、「斬釘」に較べれば、ずいぶん遠くにまで打ちが伸びるわけです。

けれども、打ちの〈伸び〉だけを考えるとしたら、両手太刀の剣法は、そもそも損なものです。打ちがいちばん伸びるのは、左片手で柄頭を持ち、右肩を右へ九十度開いて打つやり方でしょう。防具を着けて自由に打ち合う現代の剣道で、片手横面《よこめん》と称して行なわれている打ち方です。ルールなしの真剣による切り合いで、あれをやってみる気になる人は、まずいないでしょう。一撃目を仕損じれば、その瞬間に必ず自分の体のどこかを切られるか、突かれるかします。

自分の移動軸による相手の移動軸の崩しを、技の本旨とする新陰流では、打ちの〈伸び〉は、どんな太刀筋の場合でも第一に考えられるものではありません。

「斬釘」の太刀筋に著しく〈伸び〉がないことは、欠点と言うよりは、ひとつの特徴だと言ったほうがいい。順勢に左側頭を切ってくる相手の右籠手を、まるでその切りに協力するかのように、裏から切って落とす「斬釘截鉄」の動きは、その特徴を最大限に活かしたものなのです。

ところで、こちらの左側頭を切ってくる相手の太刀は、結果的にどうなるかを言っておかなくてはなりません。これは、「斬釘」の太刀筋を出すこちらの頭上をかすめて、順勢のまま崩れていくことになります。こちらの体は、「斬釘」の太刀筋を出すと同時に、それだけ低く真下に沈んでいるのです。左足を踏み込み、右足を大きく引いて、その位置で上体を真っ直ぐに立て、垂直に沈む。相手の切り筋にも依りますが、沈むのは大体四、五寸でしょうか、この体重のわずかな沈みが、「斬釘」での切りの力そのものになります。

争闘の情を切る

相手の刀の刃が、自分の頭上をかすめるというのは、大変危ないことのようですが、太刀筋、間合、拍子をよく読んで正確に動けば、それほど恐いことではない。先ほど、新陰流の切りには必ず「嶺」と「谷」とがある、と言いました。相手の右籠手を「斬釘」の太刀筋によって裏に抜けて勝つ時には、「嶺」は相手の右肩、「谷」は右籠手です。この線を太刀筋によって切り塞ぐようにする。相手の「嶺」にこちらの切っ先が、実際に触れる必要はありません。触れるようでは、間合が近すぎます。太刀先三寸で切るのは、右籠手だけでよい。けれども、「嶺谷《みねたに》」を正確に通す太刀筋によって、相手の動きは塞がれ、制せられ、読みやすくもなります。頭上をかすめる刀を恐れなくなるのは、そうしたことができてこそ、でしょう。

「斬釘截鉄」という漢語は、十二世紀、北宋時代の禅の公案集である『碧巌録』に出てきます。上泉伊勢守は、この『碧巌録』を非常に愛読していたらしく、新陰流の中心的な太刀《かた》の名は、ほとんどこの書物から採られています。「斬釘截鉄」の語が見られるのは、たとえば本書「第十七則」にある次のような表現のなかです。岩波文庫版の訓《よ》み下し文で引いてみましょう。

〈……〉釘を斬《き》り鉄を截《き》って、始めて本分の宗師たるべし。箭《〈や〉》を避け刀を隈《おそ》るれば、焉《いずく》んぞ能《よ》く通方《〈つうほう〉》の作者たらん。

なかなかの名句です。要するに、飛んでくる矢から逃げ、切りつけてくる刀を恐れているような臆病者では、万人に示す路は開けないという意味でしょう。「釘」と「鉄」とは、普通の人間には斬り難《がた》いものの喩《たと》えです。その斬り難いものを、躊躇なくさらりと斬る心を「斬釘截鉄」の心と言うわけです。

これは、禅の話ですが、剣法では斬り難いものとは一体何になるでしょう。江戸時代中期に、尾張柳生家の新陰流補佐役を勤めた長岡房成という人がいます。この人が書いた『新陰流兵法口伝書外伝』に、その見事な注釈があります。すなわち、斬り難いものを斬るとは、「是《コレ》争闘ノ情ニ引カレテ身ノ替リニクキヲ、カラリト離レテ替ル意也」と。斬り難いものは、己《おのれ》の「争闘ノ情」だというのです。「情」とは、ここでは本能のようなものでしょう。勝ちたい、生きたい、死にたくない、という必死の気持ち、すなわち闘争本能です。そこをカラリと離れる勇心《ゆうしん》を、「斬釘截鉄」の心と言う。

切りつけてくる相手の太刀の〈裏へ抜けて勝つ〉ことを本旨とする「斬釘」の太刀筋は、まさに「争闘ノ情」をカラリと離れる勇心がなければ、とっさに出すことができません。「争闘ノ情ニ引カレ」た場合には、本能的に飛びのいて相手の攻撃を外そうとするか、自分の刀で必死に受け止めようとするかでしょう。それで生き延びられるかどうかは、運次第というわけです。

伊勢守が制定した「斬釘截鉄」の太刀《かた》では、退きも受け止めもせず、相手の右籠手を言わば裏側（相手の側）から透視し、捉えています。この時、相手の刀の切先《きつさき》三寸は、こちらの左側頭部へ風を切って襲ってくるでしょう。これを何事とも思わず、身を沈めてカラリと左偏身に替わり、相手の裏に勝つ至極の勝ち方を、上泉伊勢守による「斬釘截鉄」の太刀《かた》は示しているのです。

四　四つの太刀筋とその連関

「一刀両段」と「猿廻」

新陰流の太刀筋には、四十五度の角度で切り下げる太刀筋が四つあり、それらは流儀の体系のなかで中心の円環を成すものだということは、すでに述べました。

前節と、前々節で説明したように、これら四つの太刀筋の内、第一は「青岸《せいがん》」の切りであり、第二は「斬釘《ざんてい》」の切りでした。残りの二つの太刀筋は、第二章第二節と第三節、第四節で説明しておいた「猿廻《えんかい》」という型のなかにあります。御記憶でしょうか、「猿廻」の型は、二つの太刀筋で成っていました。

その内の第一の切りは、左足を前に、右足を後ろに引いて、「順勢」の四十五度で切る太刀筋です。ここで「順勢」と言うのは、刀を持つ両腕が平行になった切り方のことをいいました。その持ち方で、右上から左下へ四十五度で切り下げる。第二の切りは、右足を前に、左足を後ろに引いた「逆勢」の切りです。「逆勢」ですから、両腕が前腕部で交叉します。交叉した両腕を頭の右横に上げ、切っ先が左上から右下へ四十五度の角度で降りるように切り下げる。第一の切りでは、体の移動軸は、左脚から左胸を通る線（左軸）にあり、第二の切りでは、右脚から右胸を通る線（右軸）にあります。それらの軸を立てて行なう、体重の正確な移動が、切りの際の重く柔らかい力となるわけです。

新陰流で「猿廻の太刀筋」と言えば、普通は第二の切りのほうを指していいます。「猿廻」の型にある第一の切りは、太刀筋の名称としては〈左足前の順勢の切り〉、とでも呼ぶほかないものです。けれどもこの太刀筋は、上泉伊勢守《かみいずみいせのかみ》が新陰流の根幹を表わす太刀《かた》として作為した「三学《さんがく》円之《えんの》太刀《かた》」（五本から成ります）の一本目、「一刀両段《いっとうりょうだん》」の型で用いられる切り方ですから、これを「一刀両段の太刀筋」と呼んでも差し支えないでしょう。

ここで、四十五度の角度で切り下げる四つの太刀筋を整理してみましょう。ここには、二つの順勢と二つの逆勢とがあります。「青岸」と「一刀両段」の太刀筋は、両腕が平行になる順勢です。「斬釘」と「猿廻」の太刀筋は、両腕が前腕部で交叉する逆勢です。「青岸」と「猿廻」は右足が前、「斬釘」と「一刀両段」は左足が前です。

ところで、「青岸」というこの用語には、また別にもっと広い意味があります。それは、四十五度の四つの太刀筋全体を含意する言葉だと言ってもいいのです。四つの太刀筋の第一にある「青岸の順」の切りは、広義の「青岸」である四つの太刀筋を代表するものだと考えることもできる。つまり、「青岸の順」の切りが二つあり、「青岸の逆」の切りが二つあるわけです。「青岸の順」には、右足前のものと左足前のもの（一刀両段）とがあり、「青岸の逆」にもやはり右足前のもの（猿廻）と左足前のもの（斬釘）とがある。

これら四つの太刀筋が互いに持つ関係の緻密さに、これらを稽古して四十年になる私は、いよいよ深く驚嘆しています。上泉伊勢守が愛洲《あいす》移《い》香斎《こうさい》の陰流《かげりゅう》から抽出し、確定させたものは、何よりもまず、これらの太刀筋の連関だったに違いありません。

ここで、ひとつ補足しなくてはなりませんが、私は「太刀筋」という言葉を、切り下げの動作についてだけ用いてきましたが、切り下げの動きには、必ず切り上げの動きが含まれています。順勢に切り下げられた太刀は、そのままの角度で、逆勢に切り上げる動きを同時に含んでいる。逆勢に切り下げられた太刀は、一瞬で順勢に切り上げられる。切って、撥ね上げて、また切り下げる、という三重の切りを、まばたきひとつの間に行なえる、というのが達人かもしれません。また、そんな離れ業を少しも必要としなくなっているのが、名人というものでしょう。

返刀

四十五度の角度で切られる四つの太刀筋は、すべてが連続していて、ひとつの円環のなかにあります。

たとえば、青岸の順勢で切り下げた刀を、そのまま頭の左横に取り上げ、刃を順勢から逆勢に返して、斬釘の切りに繋ぐことができます。また、斬釘に切り下げた刀を、そのまま頭の右横に取り上げ、刃を逆勢から順勢に返して、再び青岸の順勢の切りを出すこともできます。刀を返して、切り下げるたびに、左右の足は正確に踏み替わらなくてはいけません。青岸の順勢で切った時は、右足を前に踏み込みます。そこから返して、斬釘の切りを出す時は、後ろの左足を右足の前に踏み込み、右足を後ろに引くのです。斬釘から青岸の順勢に返す時は、再び右足を左足の前に踏み込み、左足は後ろに引きます。こうして、両足は交互に踏み替わります。

刀の刃を頭の横で「返す」動きを、新陰流では「返刀《へんとう》」あるいは「返し打ち」と言います。たとえば、青岸の順勢に切り収まった刀を、そのままの角度で頭の左横に上げる。この時、刀は頭の左横で、左から右に向けて四十五度の角度で傾いています。傾いた刀の刃は上を向いている。この姿勢は、頭上に来る相手の切りを防ぐ形になっています。ここから、両手を逆勢に返し、今度は刀を右から左に四十五度傾いた形に転換して、一挙に逆勢の切りを出すのです。頭の横でのこの太刀筋の転換（返刀）をあくまで正確に行なうこと、これが大事なのです。これが正確でなければ、太刀筋の円環は破れてしまい、打ちは、ただのやみくもな連打になってしまいます。

こうした転換を、太刀筋の別の組み合わせで考えてみましょう。二つの切りで成る「猿廻」の型は、すでにその組み合わせを示していました。すなわち、左足前の順勢の切りから、右足前の逆勢の切りへの転換を示していたわけです。この転換を正確に行なうには、かなりの稽古を必要とします。「猿廻」の型については、第二章第三節で少し詳しく書きましたので、ここではこの型での「返刀」の仕方について、さらに説明を加えておきます。

「猿廻」の型では、左足前の順勢に切り収まった刀を、そのまま順勢に頭の右横へ引き上げて戻し、その高さで刀を右から左へ四十五度傾ける逆勢の太刀筋に転換します。第二の切りは、この位置から出されます。切り出す時には、後ろの右足を左足の左前に交叉させて踏み、切ってすぐに左足を後ろに引きます。順勢から逆勢に「返刀」して「猿廻」の切りを出し、同時に両足を踏み替えるわけです。この間に、肘関節と手首関節は、少しも曲げ伸ばしさせないようにします。肩からの腕全体の振りで、返刀と切りを行なうのです。これは、四十五度の太刀筋を使う時には、いつも重要な原則です。

四つの太刀筋の組み合わせは、これ以外にも可能な限りあります。青岸の順勢を切ってから、猿廻の切りを出してもいい。猿廻の切りを出してから、斬釘の切りに繋いでもいい。すべては相手の出方次第で、繋ぎ方の原則は、いろいろな型のなかで示されています。それらの動きをすべて列挙しては、あまりに煩雑な文になるので、ここでは、古来の鮮やかな一例だけを記しておきましょう。

「逆風」の太刀

「猿廻」の型は、左足前の順の切りから、右足前の逆の切りに転換する大変美しい例です。これとは別に「逆風《ぎやくふう》」と呼ばれる型が、新陰流にあります。「猿廻」は「燕飛《えんぴ》六箇《ろつこ》之太刀《のかた》」と呼ばれる組太刀の二本目にあたる型ですが、「逆風」は「九箇之太刀《くかのかた》」という九本で成る組太刀の二本目にあたる型です。この「逆風」には、上泉伊勢守が創ったものと、それを柳生《やぎゆう》家道統第五代の連也《れんや》厳包《としかね》が改変したものの二つが遺されているのですが、ここで叙述するのは、伊勢守が創った「逆風」です。

この型は、戦場での多人数の切り合いがどんなものだったか、実になまなましく伝えています。まず、こちら側が取る構えですが、青岸順勢の太刀筋を、その角度のまま頭の右横まで引き上げ、右足を後ろに大きく引き、左足を前に出します。この構え方を、ひとまず左足前の青岸上段の構えと言っておきましょう。戦国期の「撥草《はっそう》」の構えです。これに対して敵は、刀の尖端をまっすぐこちらの顔の真ん中に向けて差し出し、右足を前に、両足を大きく踏み開いて立っています。真っ直ぐの中段の構えを、身を低くし、両手を高く前に出して構えたものです。新陰流では、一種の上段に当たります。

この時、二人の間合《まあい》は、ぎりぎりまで接近しています。おそらくは多人数の切り合いのなかで、このような接近が、そして一瞬の膠着状態が生まれたものでしょう。戦場の乱戦では、ありうることだと思います。この膠着を破るため、こちら側は、敵の左肩から左拳にかけて、順勢に払い切ります。四十五度の切り筋です。その時、払い切りながら後ろの右足を、左足よりやや前に踏み出し、直ちに左足を大きく後ろに引いて、両足を踏み替える。敵はこの切りを観て、右足を大きく左足の後ろに引き、真っ直ぐの中段に構えた刀を右脇に低く引き取り、切っ先を反対側に向けます。新陰流に言う「順車《じゅんしゃ》」の構え、一般には脇構えと言われる形です。

敵の左拳を右足前の順勢で空打したこちらの太刀先は、そのまま下段を切り通します。さらに、こちら側はそのまま下段の両手を逆勢に返して、切っ先を後ろに向ける。この形を「逆車」の構えと言います。右肩、右足を前に、交叉した両腕を後ろ脚の付け根のあたりに置き、完全な右偏《みぎひとえ》身《み》になって構えるわけです。

これに対して、敵は左足前の「順車」の構えから刀を青岸の上段に取り上げ、そこから身を一挙に百八十度転じ、右足を踏み込み、左足を大きく引いて、完全な右偏身で真っ直ぐの「竪一文《たていちもん》字《じ》」にこちら側の右肩を切って来ます。この切り方は、古くから新当流で言う「一之太刀《ひとつのたち》」です。完全な右偏身を作りながらも、切り筋は真っ直ぐの「竪一文字」で、非常に伸びのある切りが出る。

この切りに対して、こちら側は、逆車からそのまま刀を頭の左横に上げ、後ろの左足を踏み込んで、右足を大きく引き、身を百八十度転換して、斬釘の切り筋を出します。そうやって、竪一文字に打ち下ろしてくる敵の右手首を切り落とすのです。これで「逆風」の型は終わります。

要するに、順に払って敵を遠ざけ、寄せ返してくる敵の拳を逆に返して切る、この教えが「逆風」だと言っていいでしょう。このような呼吸による〈青岸の順勢〉と〈斬釘〉の連続切りは、言わば襷がけの切り筋になって、どこまでも続けられる。これは、明らかに戦場での乱戦を、四十五度の太刀筋で切り抜けていくひとつの教えです。

この「逆風」の太刀については、柳生家に興味深い口承が伝わっています。

伊勢守から新陰流二世を継いだ柳生石舟斎《せきしゅうさい》には、五人の息子がありました。その四男、柳生五《ご》郎《ろう》右《え》衛門《もん》宗章《むねあき》は、慶長七年（一六〇二年）、たまたま知遇を得て身を寄せていた伯耆国《ほうきのくに》の家老、横田内膳をめぐる家中の内紛に巻きこまれ、内膳が居住した鳥取米子の飯山城に立て籠もって戦うはめとなります。新陰流の剣を振るって、五郎右衛門はまさしく獅子奮迅の働きをしますが、いよいよ城陥落の時に当たり、少数の手勢を率《ひき》いて城外に打って出る。

この時、五郎右衛門は、「逆風」の一手を遣って甲冑《かつちゆう》武者十八人を斬り倒し、討ち死にしたと言います。彼の「逆風」は、敵軍を震撼させ、伯耆の住民の語り草となりました。五郎右衛門、時に満三十六歳。これに関する口承は、柳生家第十四代、柳生厳長氏の『正伝・新陰流』（昭和三十二年刊）に活き活きと文章化されています。

五　やわらげしめる太刀筋

「和卜」

新陰流の四十五度の太刀筋には、四通りのものがあり、それらは連続してひとつの円環を成すものだという説明は、前節まででひととおり行ないました。これら四十五度の太刀筋のほかに、この流儀には、垂直線に対して十五度傾斜した太刀筋が二つあります。

そのうちのひとつは、「順勢」で両腕が平行になって切り収まる。もうひとつは「逆勢」で両腕が交叉して切り収まります。順勢では右足、右肩が前に出、逆勢では左足、左肩が前に出ます。順勢から、詳しく説明してみましょう。

順勢の十五度の太刀筋は、相手がこちらの体の中心線（正確には移動軸と言ったほうがいいでしょう）から左側に切ってきた場合に使うことができます。たとえば、自分が真っ直ぐの中段に構えて、相手に正対している時、相手が自分の左側頭、左肩、左腰などへ斜めに切ってきた場合です。この時、こちらは、自分の体の中心線から刀を十五度右に傾けて、両手が頭の高さに来るくらいまで取り上げます。取り上げる過程で、刀は自分の右目の前を通るでしょう。それに応じて、自分の体はほんのわずかだけ左に開き、右偏身《みぎひとえみ》に変化します（写真16）。この変化は、まったくわずかなものですので、外から見てもほとんどわからないほどのものです。

そのようにして取り上げた刀を、十五度の傾斜のままで切り下げるのですが、刀が自分の中段、みぞおちくらいにまで降りてきた時、体を大きく左に開いて、両手が自分の帯の下あたりに来るまで、低く切り収めます。体は、相手に対して完全な右偏身、ほとんど真横向きに近くなる。刀は相手のどこを切っているでしょう。左手首、あるいは両手の間の柄中《つかなか》を打ち落としています。自分の刀が相手のその位置に接点を取った瞬間には、自分の両手は肩から胸の高さくらいにあります。しかし、その位置で両手が停まることは決してありません。十五度の切り筋は、完全な右偏身へ変化していく体に沿いながら、そのまま帯の下まで切り下げられます。低く切り収まった刀は、ほぼ水平の状態で相手の左手ないし柄中を抑えています（写真17）。

このような太刀筋による勝ち口を、新陰流では「和卜《かぼく》」と呼んでいます。「和卜」の字は、どんな意味を持つのでしょうか。「卜」とは、普通には占《うらな》うことで、「卜」の字は「占」の字と同じです。そして、この「占」の字には、「うらなう」ことのほかに「しめる」という意味があるでしょう。「独占する」「占有する」というような使い方で、一定の場所を自分のものとすることを意味します。「和卜」の「卜」の字は、こちらのほうの意味を持っている。「和卜」とは、「和《やわ》らげ占《し》める」という意味なのです。

何を「やわらげしめる」のか。相手の居る場所を、その身勢や太刀筋の働く場所を、です。そ

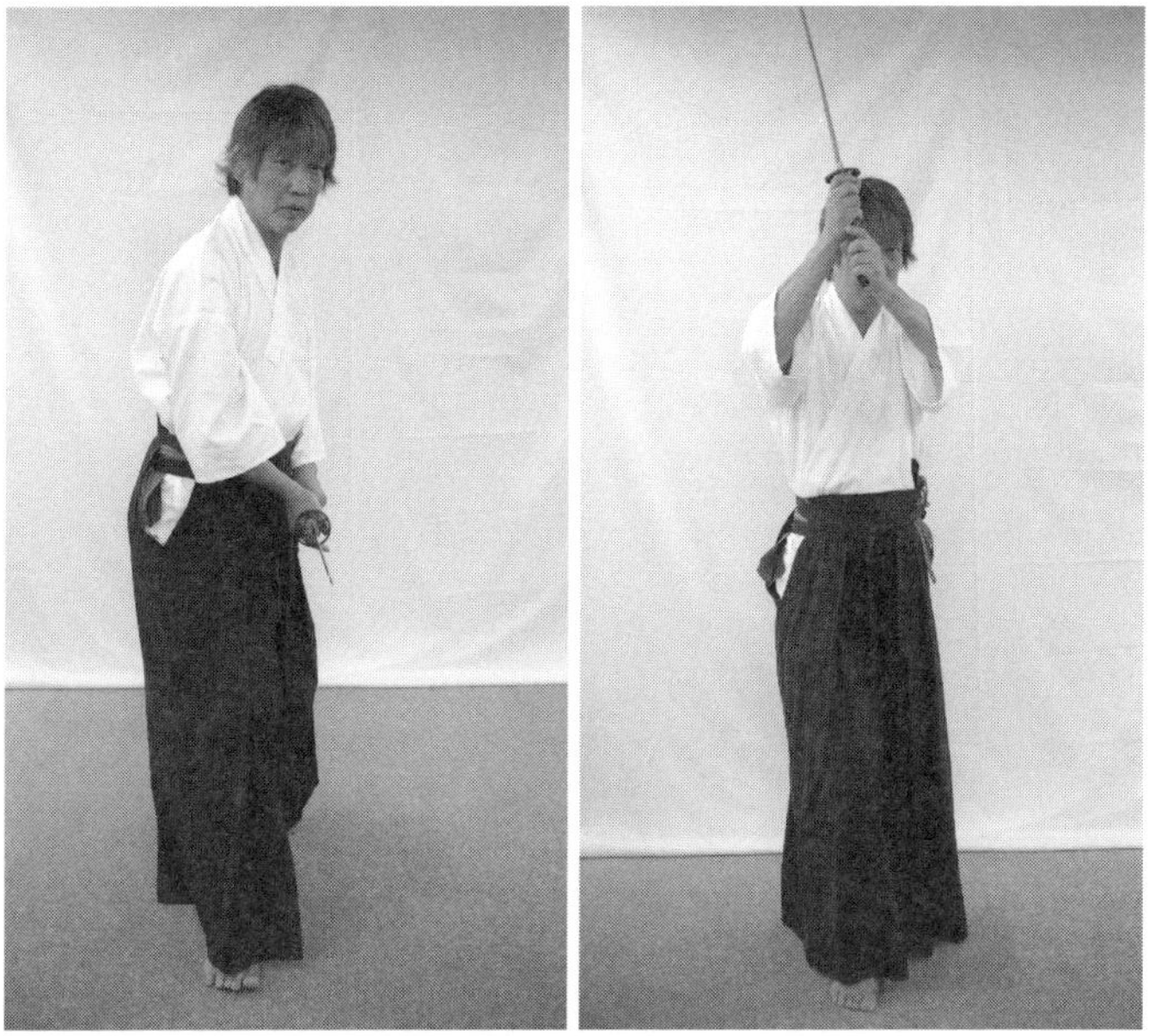

（右から）写真16・17　和卜（順勢　十五度）

ういうものを、相手の反発を引き起こさずに、いつの間にか柔らかく占有するのが、「和卜」という勝ち口の本意でしょう。してみると、これもまた新陰流の神髄を表わす勝ち口だと言うことができます。

「和卜」の太刀筋では、こちらの刀が相手の左手首ないし柄中に触れるのは、刀を持つ自分の両手が肩から胸の高さにある時だと、さっき言いました。そこから、両手を帯の下あたりまで引き下ろして、完全な右偏身に変化する。この引き下ろしの動作は、決して力まかせのものであってはいけません。相手の切りにむしろ協力し、それを誘導して、自分の腹の下に落とすような感覚が必要です。これによって、相手は極めて自然にその体勢を崩します。この時、切り収まったこちらの切っ先は、体勢を崩した相手の腹部にぴたりと差し付けられているのでなければなりません。これによって、相手は、はっきりと負けを悟ります。審判がいなければ、どっちが勝ったか、お互いにわからないような剣道の試合とは、目指すところが違うのです。

両足を離し、沈む

もうひとつ大切なことがあります。この十五度の順勢の太刀筋のままで、一瞬にして相手の体勢をぐらりと大きく崩すには、切り下げるその太刀筋に、自分の全体重がほぼ垂直にかかっている必要があります。この点が、「和卜」を使う上で最も難しい。どうすれば、そんなことが可能になるでしょう。答えは、ひとつしかありません。体を沈める時にほんの一瞬、それは実にほんの一瞬だけですが、両足を床からわずかに離すのです。離して、沈むのであって、決して跳び上がってはいけません。跳び上がっては、当然ながら逆効果になります。両足を離して、沈んで、着地した瞬間に切りが収まっているようにする。

このような体重の落とし方は、能や歌舞伎を観ていると、ごく普通に行なわれていることがわかります。前に述べたような「吊り腰」の身勢が、あらかじめできているのなら、こうした体の沈みは、おのずから可能です。新陰流には、「折《お》り敷《し》く」という動作があります。立っている状態から、一挙に左膝を床につき、右膝を立てて座る動作です。これも能や歌舞伎にある。この動作は、両足を床から離して行なわなければ、決して無駄のない、隙のない動きにはなりません。うまく行なえば、吊られていた重いものが、ただ抵抗なく垂直に床に落下したように座ることができます。準備動作を一切伴わないこの落下は、不思議な速さを持っていて、応じることがなかなか難しいのです。

　自分の中心線から左側に切ってくる相手の左手首、柄中を打って崩すやり方は、四十五度の順勢でももちろん行なわれます。その動きは、すでに説明しました。この四十五度の順勢の太刀筋、すなわち「青岸」の太刀筋と、十五度の「和卜」の太刀筋とは、いろいろな場合に応じて使い分けられるでしょう。「青岸」の太刀筋を使う時に大事なことは、切ってくる相手の左拳（左手首）を捉える、その位置です。相手の左拳が、自分の移動軸上、肩の高さに降りてきた時、「青岸」の太刀筋は、その左拳を正確に切って、相手の体勢を崩すことができます。相手とのこのような位置関係がなければ、「青岸」の太刀筋は有効に使えません。したがって、それに応じた、ただひとつの「目付《めつ》け（相手の観方）」と、「間積《まづも》り（間合《まあい》の取り方）」と、相手との「拍子」の取り方が、それぞれ必要になってきます。

「和卜」の場合には、それほど厳密でなくてもかまいません。相手の手を捉える高さは、さまざまであってもいい。たとえば、こちらの腰のあたりに切ってくる相手の手を、そのまま自分の腰の高さで打ち落としてもいい。高く左側頭に切ってくるなら、その高さで相手の左手首を捉え、体重を乗せて自分の腰の高さまで導き、打ち抑えることもできます。間積りはどうでしょう。まず「和卜」の切りは、「青岸」の順勢の切りほど両腕が前に伸びず、両拳は、自分の帯より少し下のあたりに切り収まる。ですから、それだけ深く、相手の懐に入り込む必要があるのです。どれくらい深くにでしょう。原則としては、切り下ろす自分の刀の切っ先が、相手の顔のすぐ前を通るくらいに、と考えていい。相手をややのけぞらせるくらいに踏み込むのが、有効でしょう。この身勢で、相手の手に当たるところまで踏み込めば、おのずからそれくらいの距離になります。

付ける拍子

「和卜」の太刀筋について、もう少し突っ込んだ説明をしておきましょう。「和卜」を稽古する上で、たいへん有益なのは、これを「三拍子」に使い分ける工夫です。新陰流では、切り合いで相手の動きを捉えるには、三つの拍子があるとされています。「当たる拍子」「越す拍子」「付ける拍子」の三つで、大きく分ければ、確かに拍子はこの三つしかありません。この三拍子の使い分けを学ぶのに、「和卜」の太刀筋は大いに役立つのです。

まず「当たる拍子」ですが、これは相手が自分の頭、肩、腰などへ深く打ってきた場合、相手と同じ調子で、その打ちに当たるようにして打ち乗ります。「和卜」の「当たる拍子」は、要するに十五度の順勢の太刀筋を、そのまま大きく使えばいいのです。「越す拍子」の「和卜」は、相手の打ちが、太刀を構える自分の左手あたりに、浅く来た場合に使えます。この浅い打ちを、ぎりぎりにはずして、太刀を少し持ち上げ、相手の両拳、柄中に十五度の太刀筋で打ち込むわけです。「越す拍子」の打ちとは、つまり、はずし打ちのことだと考えていいでしょう。相手の浅い打ちをはずして、上から打ち乗る。

しかし、「和卜」の真骨頂は、これを「付ける拍子」で使う場合にあると言えます。なぜなら、「やわらげしめる」勝ち口としての「和卜」は、この拍子において最もはっきりと顕われてくるからです。したがって、「付ける拍子」の「和卜」を、少し詳しく説明しておかなくてはなりません。

「付ける拍子」を用いる場合に、まず大事なことは、相手の打ちが深く、また、ある程度は大調子なことです。このことは、「当たる拍子」を用いる場合にも言えるのですが、「付ける拍子」では、相手の深い打ちを、さらに踏み込んで、近い間積りで処理する心がけが要ります。具体的に述べましょう。

たとえば、自分が真っ直ぐの中段に構えている時、相手がこちらの左側頭に切り下ろしてくるとします。こちらはその時、中段の両拳をほとんど持ち上げることなく、刀の刃筋だけをわずかな順勢に変化させ、そのまま踏み込みます。そうすると、刀を切り下ろしてくる相手の左手首が、何とこちらの刀の物打ち（切っ先から三寸くらいのところ）の下に入ってきます。ごく自然に、そこへ降りてくるのです。その瞬間に、刀の物打ちで相手の左手首、柄中へ差し込むように付け乗って、そのまま身を真下に少し沈めて完全な右偏身になり、自分の両拳が帯の下あたりに来るところまで、相手の刀を「推《お》し落とす」。相手の打ちに協力するかのように、その上に乗り、瞬時に「推し落とす」のです。このような勝ち方こそが、「和卜」の本筋です。「和卜」の太刀筋を「付ける拍子」で完璧に行なった場合には、たとえ袋竹刀を用いているとしても、その竹刀が相手の手に当たる音は、ほとんど聴こえません。触れて、崩す、この呼吸があるのみです。観える人には、見事な瞬間でしょう。妙な言い方になりますが、この呼吸が完璧になるには、負ける側も正しく、完璧な動きをしている必要がある。一挙動で切り下ろす刀と身が、完全に一致した動きでなくては、真の「和卜」は、「やわらげしめる」太刀筋の極致は、実現できないでしょう。

けれども、これは究極を言っているのです。極意の表現は、達人同士の間でなければ、厳密には成り立ちません。実際には、「和卜」の勝ち方は、相手の動きに応じて、かなり柔軟に示すことができる。三拍子の使い分けを、これほど典型的に、容易に示せる太刀筋は、ほかにないと言えるでしょう。いずれの場合にも、相手の動きに協力するかのように入り込み、そのまま相手が崩れてしまう位置に身を占め、重く、しかもふわりと居座ってしまう感覚が必要です。太刀筋、間積り、拍子について繰り返される稽古は、そのような彼我の関係を目指して行なわれます。

六　和卜の太刀筋に順勢と逆勢とがあること

「和卜」の逆勢

前節で説明した「和卜」の太刀筋は、充分に身につければ、かなり重宝なもので、どの高さ、深さであれ、自分の左側に切ってくる相手は、これ一本で対処できる。実際、尾張柳生家の補佐役、長岡房成《ふさしげ》は、そういう意味のことを言っています。この太刀筋を、「当たる拍子」「越す拍子」「付ける拍子」の三つに使い分ければ、確かにそういうことができると言ってもいいでしょう。

では、相手が、自分の右側に切ってきた場合はどうか。これに応ずるのに、「和卜の逆勢」と名付けてもいい太刀筋があります。「和卜」ですから、十五度の角度で傾斜した太刀筋になります。その「逆勢」は、自分の中心軸から左に十五度だけ刀を傾斜させ、両腕を前腕部で交叉させます（次頁　写真18）。足は、左足を前にして踏み込み、右足を後ろに開いて切り収まります（次頁　写真19）。このようにして、相手が自分の左側に来れば「和卜の順勢」を、右側に来れば「和卜の逆勢」を用いて捌くことができるわけです。

（右から）**写真18・19　和卜（逆勢　十五度）**

では、「和卜」を逆勢に使って勝つ動きを、もっと詳しく、典型的な例で説明してみましょう。自分が、真っ直ぐの中段の構えを取って立っているとしましょう。五間《ごけん》（九メートル）ほど離れて、相手も同じ構えで立っている。そこから双方が進み出し、間《ま》を詰め合い、互いの切っ先が触れ合おうとするところまで近づく。その時、相手がやや斜《はす》になった切り筋で、こちらの右側頭、あるいは右の肩先へ切りかかって来るとします。こちらは、真っ直ぐの中段を、刀身が自分の左目の前あたりを十五度傾斜して上がっていくように太刀を頭上まで取り上げ、左足を浅く踏み込んで、そのままの角度で切り下げます。このようにして、相手の右手首を逆勢に捉えて切り下ろす。

十五度の角度で斜めに太刀を持ち上げるのですから、それに応じて、体もまた正面向きからほんのわずか右に開くことになります。はっきり意識する必要はありませんが、体のこの開きは、やはり十五度になっているはずです。太刀筋と体の開きとの連関は、新陰流の体系では、おのずとそういうものになります。

切り下ろす時もまた、体は右に十五度開いている。刀の物打ちが相手の右手を捉えるのは、自分の両手が自分の胸の前くらいまで降りてきた瞬間でしょう。この瞬間にも、体は右に十五度開いていいます。この開きは、はた目にはほとんどわからず、ただ相手に対して真っ直ぐ立っているだけのように見えるでしょう。が、いったん刀の物打ちが相手の右手を捉えれば、体は急転して大きく右に開き、左足を前にしたまま右足を大きく後ろに送り、相手に対してまったく横向きになった左偏身《ひだりひとえみ》を作ります。

この時、太刀を持つ自分の両拳は、開ききった体の帯のあたりまで下がり、前腕部の交点は体の真ん中に来ます。両拳は、軽く帯に触れるくらいに体に引き寄せられている。十五度の切り筋をそのまま引き下ろせば、おのずとその位置に来ます。この収まり方は、まさしく「和卜の逆勢」と言えるものです。「和卜」と完全に対称形を成した、十五度の「逆勢」の太刀筋になっている。

この場合も、自分が行なう切り下げは、相手の切りを助けてやるように、その調子に合わせて行なうのが理想です。調子を合わせてやりながら、わずかずつ相手の身勢《しんせい》、太刀筋を崩していく。

実際には、もちろん一瞬の出来事ですが、順勢であれ、逆勢であれ、「和卜」にはこの呼吸が必要です。つまり、敵を「和《やわ》らげ卜《し》める」という感覚、身の捌きが、求められるのです。〈勝つ〉ということについての限りなく高い理想が、ここにもまたあるように思われます。

このような勝ち方は、竹刀でのただやみくもな叩き合いによっては、身に付かない。太刀筋、身勢《しんせい》、拍子について、厳密に繰り返される型の稽古だけが、こうした術理をついに体得させるものと、私は信じています。

紙一重ではずす足捌き

ここで、足捌きについて、少し細かいことを書き足しておきましょう。

「和卜」の太刀筋は、順勢でも逆勢でも、切り収まった時の姿勢は、相手に対して完全な偏身（真横向き）になっています。順勢では左足が、逆勢では右足が大きく後ろに開かれている。この後ろ足は、相手に対して横向きになっていて、前足の向きに対して直角を成すのが標準です。前足の踵の延長線上に、後ろ足の〈土踏まず〉があるわけです。けれども、相手がこちらの側頭部などに縦に切りつけてきて、その切り筋の傾斜が比較的浅いものだとしましょう。その敵に対して、和卜勝《かぼくが》ちに切り収まった自分の後ろ足は、前足の踵の延長線上に爪先が来るところまで引かれます。こうしなければ、相手の刀の切っ先は、自分の拳をわずかに掠《かす》るでしょう。順勢の時は左拳に、逆勢の時は右拳にわずかに当たる。その切っ先を、紙一重でもいいから、はずす必要があるのです。

このはずしは、とても微妙なもので、標準より足の長さの半分だけ大きい体の開きが、これを可能にします。自分の拳に敵の太刀風《たちかぜ》を感じるくらいのぎりぎりのはずしが、可能になる。こう書くと、至難の妙技のように思われるでしょうが、実際には、それほどでもない。足が、踏むべきところを正確に踏めばいいのです。〔和卜〕という技は、それほどの完成度を持っていると言うべきでしょうか。

尾張柳生家補佐役の長岡房成が、その著『新陰流兵法口伝書外伝』のなかで、「又約シテ云ヘバ、刀剣之術、此ノカタ〔和卜〕一本ニテ足レリ」と言っているのは、あながち誇張ではないのです。およそ切り合いというものに勝つためには、「和卜」を順、逆に使い分け、「当たる拍子」「越す拍子」「付ける拍子」の三拍子に使い分けることができれば、それで充分である。房成は、そう言っているのでしょう。

確かに、切り合いに勝つためだけに、ひたすら「刀剣之術」を磨くとすれば、このような一本化は、なかなか有効だと言えます。迷いがなくなる。しかし、房成は、ただそんなことを言ってみるだけであって、新陰流の体系を成す他の太刀筋が不要である、などとは少しも考えていません。なぜなら、すでに述べてきたように、流儀の名に値する〈剣の法《のり》〉は、単なる「刀剣之術」をはるかに超えた、ひとつの精密な運動世界だからです。自他は、そのなかで活きるのであって、殺し合うのではない。これが、新陰流を産み出した一種の激しい理想ですが、このことを言葉によって説明しきることは、いつも非常に難しい。この理想は、言葉の上を転がる空想、妄想ではなく、実地の身体技法によってのみ支えられる精神の強い感覚なのです。

十五度の角度で切り下げる二つの太刀筋は、表裏一体のものだと言っていい。四十五度の角度で切る四つの太刀筋が、ひとつの円環を成すものであるように、「和卜」の順勢と逆勢もまた、細長い楕円のような連続体を成すと言ってもいいでしょう。

尾張の柳生家は、四十五度の太刀筋よりも、なぜか、むしろこの十五度の太刀筋や、頭上からの真っ直ぐの太刀筋を好んだふしがあります。

柳生連也厳包の改定

道統第五代の柳生連也《れんや》厳包《としかね》は、流祖伊勢守が作為した新陰流の太刀《かた》全般にかなり大幅な改定を加えた人です。元の体系が見えなくなるほど大幅な改定を加えている。この時、たとえば「斬釘《ざんてい》截鉄《せってつ》」という太刀《かた》の四十五度の太刀筋は、十五度の太刀筋に、逆勢の和卜に替えられています。「一刀両段」という太刀《かた》の四十五度の太刀筋（左足前の順勢の切り）は、頭上からの真っ直ぐの太刀筋に替えられている。「一刀両段」も「斬釘截鉄」も、まさに上泉伊勢守の新陰流を象徴する表太刀ですが、そこにある太刀筋を別のものに替えている。この種の改定によって、四十五度の太刀筋の円環は、新陰流の前面から消えてしまったと言っても過言ではありません。信じ難いことですが、そういう改定が為された。

連也厳包の意図は、どこにあったのでしょう。尾張柳生家では、連也の父親に当たる兵庫助利《ひょうごのすけとし》厳《とし》の時代から、甲冑を着けない平服剣法の創出が目指されていました。この過程で、高く突っ立った姿勢から、真っ直ぐに、あるいは十五度の縦打ちに切りを出すことが好まれるようになったのでしょう。

新陰流では、頭上に真っ直ぐ太刀を執る構え、俗に言う大上段を「雷刀《らいとう》」と呼びますが、兵庫助はこの「雷刀」の構えから気配を見せず一挙に打つ勝ち方を得意としたそうです。この勝ち方で、兵庫助は恐ろしく強かったに違いありません。それ以後、尾張柳生家では「雷刀」からの一拍子の打ちを絶えず称揚し、この観点、あるいは好みを通して、流祖以来の多くの太刀《かた》を作り替えました。連也厳包による太刀の改定は、そのなかで最も広範囲で徹底したものです。

これによって失われるものは、まず円環を成す太刀筋の体系性でしょう。上泉伊勢守が新陰流の本体を表現するものとして作為した「三学円之太刀《さんがくえんのかた》」は、五本の型からなる組太刀ですが、幾何学的なまでの体系性を持っている。五本が一体となって、ひとつの運動世界を厳密に表現しているのです。もちろん、これらは、一本ずつがさまざまな変化技を、この流儀で言う「砕き」を含んでいますが、根底にあるのは、ただひとつの円環です。それを見失ってはならないでしょう。見失えば、流儀の太刀《かた》は、いろいろな勝ち口の任意な寄せ集めになってしまいます。その一本ずつに、どんなに高遠な、抽象的な教えを結びつけたところで、何にもならない。その時、伊勢守が作為した新陰流という運動世界は崩れてしまっているのです。

話が、少し逸れました。

「和卜」の順、逆二通りの太刀筋は、表裏一体を成すもので、前にも述べたように、この「和卜」には四十五度の太刀筋にはない利点が幾つかあります。三拍子の使い分けが容易であること、相手の拳を捉える高さを、相手の切り筋に応じて比較的自由に設定できること、などです。しかし、十五度の二通りの太刀筋は、四十五度の四通りの太刀筋に替わることは、決してできないでしょう。

四十五度の四つの太刀筋は、下からの撥ね上げ切りの動きをも含めて、完璧な円環を成しています。そこには、止まるところのない真の連続があります。十五度の二つの太刀筋は、いかに表裏一体とは言え、そこまでの連続性を発揮するものではないし、またその必要もない。敵をやわらげしめて、その位置に収まることを旨《むね》としています。

前に「逆風」という太刀《かた》を、少し詳しく説明しました。四十五度の順勢の太刀筋で相手を切り払って退かせ、打ち返してくる敵の手首を、今度は四十五度の逆勢、「斬釘」の太刀筋で切って落とすものです。連也厳包は、この「逆風」をも改定して、十五度の順、逆の太刀筋に替えています。私は、長い間この二種類の「逆風」を稽古し、比較し続けてきましたが、ついに「逆風」は、十五度の太刀筋では使いきれない、という結論に至らざるを得ませんでした。この太刀《かた》にある、止まるところのない連続は、四十五度の太刀筋でなければ、ほんとうには実現できないでしょう。「逆風」は、多人数を相手に使われる戦場の刀法です。柳生五郎右衛門宗章《むねあき》が、米子《よなご》の飯山城でやってのけたあの十八人切りは、四十五度の太刀筋をもってこそ、可能だったと思います。

七「クネリ打ち」とは何か

半開半向

これまで述べてきた太刀筋《たちすじ》は、真っ直ぐの切りが一本、四十五度の角度で切るものが四本、十五度の角度で切るものが二本ありました。すでに十通りの太刀筋のうち、七本までを説明したことになります。

四十五度で切る四つの太刀筋が、襷がけを思わせるようなひとつの円環を成し、十五度で切る二つの太刀筋が細長い楕円形の円環を成すことは、すでに書いた通りです。真っ直ぐの切りには、これらの円環を閉じて完結させる働きがある。左右の肩、腹、腰、脚などに切りかかってくる敵の拳（執刀手《しっとうしゅ》）を、自分の中心軸（人中路《じんちゅうろ》）を通す真っ直ぐの太刀筋によって打ち落とす「十文字勝ち」（「転《まろばし》勝ち」とも呼ぶ）は、これらの円環を閉じて収束させる究極の一手です。「三学《さんがく》円之太刀《えんのかた》」「燕飛《えんぴ》六箇之太刀《ろっこのかた》」という、言わば新陰流の本体を真に象徴する二つの組太刀は、いずれもこの勝ち方によって閉じられます。

しかし、こうした体系性は、柳生連也《やぎゅうれんや》厳包《としかね》が作り替えた太刀《かた》のなかでは、見えにくくなっている。稽古する者にとって、ほぼわからなくなっている。伊勢守が制定した「三学円之太刀」には、四十五度の角度で切る四つの太刀筋がはっきりと使われています。そして、最後の一手は「十文字勝ち」になる。内訳を説明すると、一本目の「一刀両段」は、左足前の順勢、四十五度の切りを使います。二本目の「斬釘截鉄《ざんていせつてつ》」は、左足前の逆勢、四十五度の切りが使われる。四本目の「右旋左転」では、これにはいろいろな変化形がありますが、基本的には、右足前の逆勢、四十五度の切りと、右足前の順勢、四十五度の切りが二つ続けて使われる。二つの切りによって成る型です。最後の五本目は「長短一味」という型で、左足前で真っ直ぐの「十文字勝ち」を使う。

では、「三学円之太刀」の三本目、「半開半向」はどうなのでしょう。この型で使われる一手こそが、これから述べようとする「クネリ打ち」です。「クネリ打ち」とは妙な呼び方ですが、これは古くは「括《くくり》切り」などとも言って、実際、かなり独特な、奇妙とも見える動きをします。が、この切りは、「三学円之太刀」を構成する六つの太刀筋のひとつで、しかもそれらの真ん中に、三本目の型として置かれているのですから、伊勢守がこの「クネリ打ち」を大変重視していたことは間違いありません。

私は、若い頃、なぜこの奇妙で、太刀筋の円環からもはずれた「クネリ打ち」が、「三学円之太刀」の中央にあり、また他の組太刀の内でも重要な個所に現われるのかが、さっぱりわかりませんでした。それは、私が「クネリ打ち」をしかるべき水準で使えていなかったためです。

自分の体でできないことは、わからない、というのが芸事一般の決まりですが、できてみれば、このことはまた実に明瞭な意味を持ってくる。できればできるほど、明瞭になってくる。けれども、それを言葉で説明することには、依然として大きな困難を伴います。私の考えでは、新陰流で「クネリ打ち」が重視されるのは、それが「十文字勝ち」の言わば最も精緻な変化形であり、その裏面にほかならないからです。

クネリ打ちの動き

では、「クネリ打ち」の動きを、典型例を通して説明してみましょう。

まず、敵も自分も互いに青岸の中段、順勢の構えで立っているとします。彼我の距離は四、五間ほどある。互いに中段に執った刀は四十五度右に傾斜し、体もまた四十五度左に開いた「右偏身《みぎひとえみ》」になっています。その位置から、敵はするすると間《ま》を詰めて、互いの刀の切っ先が触れ合うほどの所まで接近し、ついで一気に右足前の順勢の切りで、こちらの左肩先から左拳にかけて、やや深目に切り込んできます。

切り込んでくる相手の左上腕《ひだりじょうわん》が、こちらが青岸に構える太刀先の下に降りてきた瞬間、こちらは、右足を右前方横に大きく踏み込み、同時に右肘を右足の方向に大きく直角に曲げ、張り出して、刀が胸の前で真横になるようにし、太刀先で相手の左上腕から右前腕にかけて、ほぼ垂直の角度で切り乗ります。乗ると同時に、左足を前方に移し、すでに踏み込んでいる右足と横一線上に来るように置き直します。この時、自分の右足先は前方を、左足先は右足と九十度の角度になるよう横向きにします（写真20）。二つの脚がわずかの遅延を挟んで大きく動く時、自分の体は垂直にやや沈む。体重のこのわずかな沈みが、自分の刀と相手の左前腕部との接点を通して、敵の動きをぐらりと崩す働きをするのです。

こちらが勝ち収まって、二人が立つ位置は、青岸の太刀筋で切ってくる相手の踏み込みの線に対して、こちらの両足は、横一文字で直角の線を踏んでいることになります。右足先は前方を向き、左足先は真横を向いて、これも直角の関係にある。両足の開きの間隔は、そこに自分の肩幅が入るくらいがいいでしょう。

つまり、「クネリ打ち」は、自分の体の左側に切り込んでくる相手の移動線に対し、それを右横、直角の線に外して、真上から相手の前腕部に、あるいは両腕に付け乗る勝ち方です。自分の刀は胸の前で真横になり、刃は真下を向き、直角に曲げられた右肘から刀の切っ先は、自分の胸に対して平行になっています。この時、刀の柄は右前腕部の下にぴったりとくっ付き、左手の親指と人差し指の股（太刀《たつ》の口）が、柄頭の方を下から支えている形になります。

相手の側から見れば、敵は一瞬目の前から消えたようになり、同時に刀が踏切の遮断機みたいに左横から直角に、十文字に両腕へ降りてくる感じになります。

「クネリ打ち」は、十通りの太刀筋の内でも、文章に書くことが最も難しいものですが、その動きもまた独特で、ここにある崩しの働きは、まずは体感してみないとわからないでしょう。けれども、独りで繰り返しやってみれば、これは、さほど難渋する太刀筋というわけでもない。会得し難いのは、拍子と間積りです。

青岸の構えから標準的な「クネリ打ち」を成功させるには、相手の切りがまず深い間合に来るものでなくてはなりません。それも、自分の左肩、左こめかみ、頭など高い位置に来るものが捌きやすい。その打ちにフワリと付け乗るようにして、相手の腕に直角に乗る。乗る瞬間には、全体重をすっと垂直に沈めて、相手の両腕へ巌を落とすように崩しをかけるのです。

写真20　クネリ打ち

十文字勝ちとクネリ打ち

相手の打ちが低い場合には、どうでしょう。たとえば、こちらの左腰とか、左脚の付け根あたりに来る場合です。その時には、こちらは、相手の打ちの高さに応じて体全体をさらに低く、垂直に沈めるだけです。自分の刀は、相変わらず胸の前を横一文字、体に平行に置かれている。刃は真下向きです。

もっと難しいのは、青岸に構える自

分の左拳を、相手が低く、浅く青岸の順勢に払い切ってきた場合です。こういう場合に無理に「クネリ打ち」を出す必要はないのですが、出すとすれば、「折敷《おりし》く」しかない。「折敷く」とは、左膝を付き、前の右膝を立てて座ることです。両膝の間は九十度近くまで開き、立てた左足の踵に尻の左側が乗っている形です。この位置まで一挙に、垂直に沈んで「クネリ打ち」を出す。この折敷きの「クネリ打ち」は、「奥儀之太刀《おくぎのかた》」という組太刀のなかの「向上《こうじょう》」と呼ばれる一手にあります。

青岸から出す「クネリ打ち」は、「半開半向」の場合でも「向上」の場合でも、「付ける拍子」で行ないます。さっき述べたように、相手の左前腕部が、自分の刀の物打《ものうち》の下に降りてくる瞬間に、それを「付ける拍子」で捉えるのです。この時、自分の刀は少しも持ち上げないでいい。ただ青岸の構えから、胸の前で刀が横一文字になるように腕の向きを変えるだけです。向きを変えて、相手の両腕に刀を直角に交叉させ、敵の切りに乗って崩す。この拍子です。

青岸の構えだけでなく、刀の切っ先が前を向いている構え、たとえば真っ直ぐに構えた中段でも、下段でも「クネリ打ち」は付ける拍子で行ないます。切っ先が後ろを向き、左足が前に出る構え、すなわち「車《しゃ》」（一般に言う「脇構え」）の構えや「八相《はっそう》」の構えからも「クネリ打ち」は出すことができます。いずれの場合も、相手はこちらの左肩先、背、腰のあたりを大きく順勢に払ってくる。そこで、まず前の左足先を九十度左側に大きく回転させ、同時に胸の前で横一文字にした刀で、相手の両腕に真上から直角に打ち乗り、最後に後ろの右足を大きく九十度回してくるのです。相手の両足を結ぶ移動線とこちらの両足を結ぶ線は、この場合も直角の関係にあるのが原則です。

このような仕方で打ち乗った場合には、「クネリ打ち」は、「当たる拍子」で行なわれたように見えます。相手の切りと同じ調子で、こちらの刀も大きく動きますから、実際「当たる拍子」で打ったと言っても間違いではないでしょう。けれども、このような場合でさえ「クネリ打ち」は、「付ける拍子」の心持ちで行なうのが本当だと、私は思います。相手の打ちに付け乗る心持ちで動くのです。この時、相手は、思いがけない方向から両腕に直角に付け乗られる。打たれたと言うよりは、乗り崩されたという感じを持つのです。

「付ける拍子」は、小さく動いて勝つのが原則ですが、大きく動いても「付ける拍子」に勝つ心持ちというものがある。これは、言葉では実に伝えにくい感覚、呼吸ですが、この心持ちがなければ、「車」の構えや「八相」の構えからの「クネリ打ち」（これを使う型は新陰流にいくつもあります）は、とんでもなくやりにくいものに感じられるでしょう。実戦では、ほとんど使うことのできない奇異な技のように感じられる。実際、私は初心の頃、そんなふうに感じていました。が、「拍子」に関する心持ちひとつで、動きの質は大きく変わるものなのです。

相手の前進する線に対して、自分の右横に、直角の線に身を移して、自分の刀を踏切の遮断機のように降ろす。そうやって、打ってくる相手の両腕に垂直に乗り勝つ。この勝ち方は、一種の十文字勝ちです。本来の十文字勝ちは、相手が自分の左右に斜めに打ってくる時、その拳を真っ直ぐに、自分の体の中心線を通して、縦打ちに打つものです。これは最上の極意であり、新陰流のなかにこれ以上の勝ち方はありません。「クネリ打ち」は、この勝ち方と表裏を成している。通常の十文字勝ちでは、移動線をはずすことなく、わずかな前進だけで打ちます。「クネリ打ち」は、相手の両腕に十文字に乗り勝つために、自分の身を九十度も右に移動させる。

こういう面倒をなぜするのか。これは、この太刀筋を学ぶ者誰しもが初めには抱く感想でしょうが、これを面倒と感じている間は、決して答えは出ません。「クネリ打ち」という太刀筋は、本来の十文字勝ちが、その内にいつも自在に含んでいるべき動きであり、眼付けであり、間積りであり、拍子の取り方なのです。十文字勝ちは相手を動かして真っ直ぐに勝つ。その裏面たる「クネリ打ち」は、自分がふわりと動いて相手の両腕に十文字に付け乗る。十文字勝ちは、動、不動のこの両面をいつも同時に含んでいなければ、ほんとうの極意として感得されることはないのです。

八　「山陰」の切り

山の陰が地に落ちるように

新陰流剣法のなかに分類できる十通りの太刀筋のうち、今回は九つめの「山陰《やまかげ》」の切りについて述べてみましょう。「山陰」は、型の名前です。陰流の開祖、愛洲移香斎《あいすいこうさい》から上泉伊勢守に伝わり、伊勢守によって完成されたと言っていい「燕飛六箇之太刀《えんぴろつこのかた》」という組太刀があることは、すでに述べました。「山陰」は、そのうちの三本目の型にあたりますが、ここで用いられる太刀筋そのものは、新陰流のいろいろな型のなかに頻繁に現われてきます。その太刀筋を、仮に山陰切りと呼ぶことにしましょう。

山陰切りの前提となる構え方に「横雷刀《よこらいとう》」なるものがあります。新陰流では、俗に大上段とか真《ま》っ向《こう》上段とかと呼ばれる構え方を「雷刀《らいとう》」と名付けています。この「雷刀」を横向きにしたものが「横雷刀」です。切っ先が自分の右側、やや上方を向き、柄を取り上げた両腕の間に顔が出ているような構えです（次頁　写真21）。相手に対して、刀の柄頭から切っ先が、なだらかな山の稜線のように聳《そび》えている、そんな感じを与えるのがいい。

山陰切りは、この稜線の背後から光が差し、山の陰が、そのまま真っ直ぐ地に落ちるように、打ち出されます。光ですから直線で進む。典型例で説明しましょう。たとえば、青岸の中段に構える自分の左拳を、相手が四十五度の斜め切りに、順勢に切り付けてくる。この時、自分の拳は、相手の切りが起こす太刀風に舞い上がるように、横雷刀に上がります。およそ構えには、それくらいの軽さが、まず秘められていなくてはなりません。その横雷刀から、今度は光が差すように直線で、打ち廃《すた》った相手の両腕（前腕部）に打ち付けます。打ちと同時に右足を踏み込み、続いて左足を継ぐ（写真22）。この時の体重移動が、刀の降りる時間と正確に一致していることが大切です。体の移動には、前進とわずかな沈みの両方が、おのずからに結びついている。

山陰切りの多くは、こんなふうに相手の両腕を切る「双手《もろて》切り」になります。決して引き切るのではなく、体重を乗せて、上から切り抑えるという感覚です。自分の拳が相手の太刀風に舞う時は、枯葉のように軽く、切り降ろす時は、一転して巨岩のように重くなる。このような体感をもって行なうのが、山陰切りだと言えるでしょう。重くなるには、体重移動と切りとの完全な一致が必要です。足が先に出て、切りがその後になるようでは、ただ腕の力で抑え込むだけですから、そういう切り方は、何の太刀筋でもありませんし、技と言えるほどのものでもない。

腕の力で抑え込むだけでも、勝っているならいいではないか、と思う人もいるでしょう。ところが、そういう切り方では、相手にはずされるか、刀で受け止められるかすることが大変多い。つまり、勝ち負けは、相手の反射神経や筋力次第、ということになります。このように相対的な

（右から）写真21・22　横雷刀からの順勢（山陰切り）

勝ち方を、ほんとうの兵法は、〈勝っている〉と考えない。たまたま自分の刀が、先に相手に当たっただけです。

刀が横雷刀に上がる時は、枯葉のように軽く、降りる時は巨岩のように重い。このような両極を何の矛盾もなくひとつの動き、ひとつの構えのなかに含んでいること、これがあるべき理想です。軽さの極から重さの極への転換は、瞬時に為されなくてはなりません。このことは、あらゆる構えと、切りと、身の置き方について言うことができます。ここでも、大切なことは、やはり刀それ自身の重さを十二分に活かすことです。刀を挙げる時は、ひょいと放り上げるようにする。これで刀の重さは、一瞬消えたようになる。降ろす時は、刀の重みに全体重が協力して、加わるように降ろす。こうしたことは、各人の体感として会得されることですから、言葉で説明されて、手本を示されて、すぐに出来るというものではありません。そうした体感は、少しずつ育つ。育てるのが、稽古というもので、これが究極ではどこまで育つものか、私にもまだわからないのです。

「位」と「構え」

話の向きは、少し変わりますが、新陰流刀法では一般に言う「構え」のことを「位《くらい》」と呼ぶ場合があります。よく構えられていることを、「位取り《くらいど》」ができている、などと表現します。では、「構え」のことは、みな「位」と呼ぶのかと言えば、そうではない。たとえば、初心の人に教えるのは、「青岸の構え」であって、「青岸の位」ではありません。「構え」は静止した有形の姿ですが、「位」はその「構え」を含み、その構えから必然的に発する動きの全体を含んでいるのです。

したがって、「位」には「太刀筋」「拍子」「間積り《まづも》」の三つが潜在的に含まれています。「青岸の位取り」ができているとは、要するに青岸から展開されるあらゆる動きを、すでに構えのなかによく含んでいる、ということです。すぐれた「位取り」は、少し稽古を積んだ人の眼には、すぐわかります。

それだけではありません。ひとつの「位取り」は、他のさまざまな「位取り」との間に動的な、活きた連関を持っている。ですから、ひとつの「位取り」がよくなれば、おのずから他のあらゆる「位取り」がよくなっていると言えます。流儀のなかでの、その人の位相そのものが上がっているのです。

こうしたことは、体を使って行なう種々の技についても、もちろん、ある程度言えるでしょう。包丁を持つ手つき、身の構えだけで、板前の腕はわかる、というようなものです。けれども、ここで私が述べようとしている「位取り」は、流儀の型（太刀《かた》）が潜在させる厳然とした体系性と切り離すことが出来ません。そこが大切な点です。

「青岸の位」を例に取って、説明しましょう。この「位」は、すでに説明した四十五度の四つの太刀筋をすべて含み、絶えず連関させることで成り立ちます。四つの太刀筋は、左右の四十五度に切り下げるものですが、この切り下げは、そのまま撥ね上げも含んでいます。切り下げた刀をそのまま刃を返して切り上げる、切り上げた刀をまた刃を返して切り下げる、そういう動きを秘めているわけです。「青岸の位」は、それらの動き全体を潜在させていると言っていい。新陰流の「位」とは、本来そのような意味で使われる用語です。

前に説明した、十五度の角度で切り下げる「和卜《かぼく》」の太刀筋はどうでしょう。この太刀筋を何らかの「位」に位置づけるとしたら、それは「撥草《はっそう》の位」と呼ばれるものになります。「撥草」には、左足前の完全な左偏身《ひだりひとえみ》で、刀の柄を自分の右側頭横に置き、刃を十五度の角度で自分の右に傾けて構えます。この構えから出される切り筋は、十五度になるしかない。十五度の角度で切り下げながら、後ろの右足を左足の前に踏み出し、続いて左足を後ろに引く打ち方、「和卜」の太刀筋です。

この切りは、両腕が平行になる順勢の「和卜」を示しますが、「撥草の位」には逆勢もあり得ます。右足を前に出し、完全な右偏身で、刀の柄を自分の左側頭横に置き、両腕を交叉させ、刀を自分の左に十五度傾斜させて構える。ここから出る切り筋は、十五度の逆勢の「和卜」になるしかありません。切り付ける時は、後ろの左足を右足の前に踏み出し、続いて右足を後ろに引きます。逆勢の「和卜」の切りになって収まるわけです。「撥草の位」は、こうした左右十五度の切り筋を含んだ「位」ということになります。「青岸」と「撥草」という二つの「位」は、新陰流の大部分の動きの根底にあります。

「横雷刀」からの切り

山陰切りの話に戻りましょう。この切りの元にあるのは、「横雷刀」という「構え」であり、また「位」です。山陰切りは、「横雷刀」からの順勢の切りとして為されます。相手の両腕を一挙に抑えるこの太刀筋は、「青岸」とも「撥草」とも別の、「横雷刀」という「位」を出発点にしているわけです。したがって、新陰流の太刀筋の体系のなかでは、前節で述べた「クネリ打ち」同様、やや異質な切り方になっている。

「山陰」の切り筋は円弧を描かず、上から斜め下に向けて直線で切り下げられます。この太刀筋は、「越す拍子」をもって、相手の両腕に上からかぶさるように打ち乗るもので、正確に使われれば、相手はこれをはずしたり、受け止めたりはできないでしょう。現代の剣道で言う「小手抜き小手」のような種類の技とは、まったく異なった性質の勝ち口です。

山陰切りで特に注意すべきことは、両手を横雷刀に上げる時、決して体重を後ろ脚に移さないことです。こういう姿勢から出る打ちは、必ず後ろ脚による地面の蹴りを、つまり反作用を用いる打ちになります。すると動きは、いったん引いてから出る、の二拍子になり、これでは「越す拍子」を正確に使うことはできません。相手の切りをはずしてから乗るのではない、ただ一拍子に相手の順勢の切りにかぶさっていくだけです。体重はいつも腹の下にある。また、そうした動きが可能な「間積り」が、前提になっている。現代人がそのような術理を体得する方法は、たぶん古来の太刀《かた》にしかないでしょう。この方法は、たいそう時間のかかるものですが、それしかないだろうと、私は思っています。

山陰切りは、「越す拍子」をもって使うものです。この勝ち方は、「九箇之太刀《くかのかた》」という組太刀の「大詰《おおづめ》」という一手にも典型的に現われてきますので、大詰切りと呼んでもいいでしょう。しかし、横雷刀からの太刀筋は、「越す拍子」をもって行なわれるだけではありません。もうひとつ、「当たる拍子」で使うやり方がある。その場合には、山陰切りとも大詰切りとも呼ばず、月影《つきかげ》切りと呼んだ方がいい。「燕飛六箇之太刀」のなかに「月影」と呼ばれる一手がある。その型が、横雷刀から「当たる拍子」の打ちを出す典型を示しているからです。

月影切りは、どういう場合に使われるでしょう。相手が体を低くし、刀を掲げて体当たりしてくるような場合です。たとえば、敵が両手を額の前あたりに置き、刀をやや左に傾けて体当たりしてくる。こういう体当たりを「折甲《せっこう》」の当たりと言い、鎧武者の時代にはよく使われた。あるいは、左掌で刀の切っ先から三寸のあたりを挟み、槍や長棒を使うときのように刀を掲げて体当たりしてくる。この体当たりも戦国時代の合戦でよく使われた。こういう攻めは「刀棒《とうぼう》」の当たりと言えるでしょう。「折甲」「刀棒」によるこのような体当たりに対して、横雷刀から一直線に相手の拳に切り付け、その体勢を上から打ち崩す勝ち方がある。月影切りは、その典型を示しています。

「折甲」「刀棒」についての詳細の説明は省きますが、これを迎え打つ場合の太刀筋も山陰切りの時と同じ、横雷刀からの直線の切りになる。ただ、「越す拍子」が「当たる拍子」になるだけです。同じ太刀筋が、山陰切り（あるいは大詰切り）では「越す拍子」になり、月影切りでは「当たる拍子」になる。同じ太刀筋のこの使い分けを「燕飛六箇之太刀」は、はっきりと教えているのです。

教えてはいても、太刀《かた》の真意というものは、まことに見失われやすいものです。惰性的に、約束事として太刀《かた》の稽古を繰り返していれば、術理はたちまち見失われ、動きの外見は伝言ゲームのように変わっていきます。私が、十通りの太刀筋《たちすじ》を太刀《かた》から抽出して稽古しているのは、私自身の内でのこの忘失を防ぐためにほかなりません。

九　横雷刀からの逆勢の切り

逆中段に引き取る

前節では、横雷刀という構えから真直ぐに打ち出される「山陰」の太刀筋を説明しました。この太刀筋は、横雷刀の両腕が平行のままで切り降ろされるものですから、横雷刀からの順勢の切り、と呼ぶこともできます。これが、この太刀筋の最も正確な呼称かもしれません。これと対《つい》をなして、横雷刀からの逆勢の切りというものがある。この太刀筋は、今まで述べてきた新陰流十通りの太刀筋の内、第十番目に当たるものです。

これもまず、典型的な使い方を通して説明してみましょう。

敵も自分も、青岸の中段に構え合っているとします。青岸の中段ですから、体は四十五度左に開き、同じく刀も自分の右に四十五度傾斜させて構える。切先《きつさき》は、相手の右頸動脈のあたりに付けます。間合は、双方の切先が軽く触れ合う程度としましょう。この時、敵が青岸の太刀筋でこちらの左拳を順勢に切り払ってくるとします。こちらの両手は、その太刀風に舞い上がるように横雷刀に軽く上がる。

ここまでは、「山陰」の切りと同じです（一五一頁、写真21参照）。ここから、その横雷刀の切先を自分の右から左に大きく旋回させ、両手首を頭上で交叉させます。この瞬間に、横雷刀は逆勢の構えに入る。入ってすぐ、その逆勢の太刀筋を真直ぐ斜め下に切り下げ、相手の右前腕部に切り付けます。この切り付けの際、自分の左足を右足の右側、やや前方に踏み込み（写真23）、切り終わった瞬間に、右足を大きく右後方に引きます（写真24）。切る瞬間には、両足は交叉したようになっている。けれども、切って一瞬後には、右足は大きく右後方に移動し、左足もその移動に引っ張られるように右足の方向にわずかに引きます。この移動によって、自分の刀は相手の右腕を引き切って離れるのですが、引きと同時に相手の左前腕部をも抑え切り、離れる時には、両腕を引き切っていることになる。

言葉で説明すると、なかなか複雑な動きですが、やってみればそう入り組んだものではありません。一息で成り立つ動作です。切り終わった後では、自分の立つ位置は相手の左側（自分の位置から言えば右側）、四十五度ほど斜めの線に移っている。構えは、逆勢に切り下げた刀をそのまま中段に降ろし、両拳は交叉させ、その交叉の中心が、自分の帯の高さに来るようにする。切先は左肩の高さに上がり、切先から三寸ほどが左肩の後ろ側へ出るように構えます。身勢《しんせい》（身の置き方）は、相手に対して完全な左偏身《ひだりひとえみ》です。これを、新陰流では「逆中段」の構えと呼びます。

以上が、横雷刀からの逆勢の切りです。この切りの最大の特徴は、切りながら、必ず相手の左側四十五度の線に移動し、相手から身を引き離すことだと言えるでしょう。切ってから相手を抑

（右から）写真23・24　横雷刀からの逆勢の切り

え、その場で制圧するのでなく、間《ま》を放って逆中段に構え直すわけです。もっとも、切った後、すぐに間を放って敵から身を離し、構えを改める動きは、ほかの太刀筋を使う場合にもないわけではありません。特に敵が複数の場合は、そういう身の捌《さば》きが必要になることも多いでしょう。しかし、この横雷刀からの逆勢の太刀筋は、相手の左へ転じて引くことを、切り出す瞬間から予定している、と言っていい。この太刀筋のなかに含まれた動きです。

横雷刀から刀の向きを逆勢に変化させ、切り降ろす場合、そのまま前に踏み込んで切ったのでは、自分の刀の物打《ものうち》（切先から三寸ほど下のところ）は、相手の右前腕部を切ることができません。その部分に当たるのは、刀の鐔元《つばもと》近くになってしまうでしょう。これでは、太刀筋などとは言えない。自分の左足を、右足の前で交叉させて右前方に移し（切るのはこの瞬間です）、次いで右足を右後ろに大きく引いてこそ、横雷刀からの逆勢の切りは、物打で正確に相手の右前腕部を捉えることができるのです。

「手引」と「乱剣」

横雷刀からの逆勢の切りは、新陰流の太刀《かた》のなかにはっきりと組み込まれています。その内で最も典型的なものは、「天狗抄《てんぐしょう》」と呼ばれる八本で成る組太刀のなかの四本目の型、「手引《てびき》」です。「手引」は、またの名を「双手切《もろてぎり》」とも言う。「手引き」の動きは、先ほど説明した横雷刀からの逆の切りを、ほとんどそのまま使います。ただ、この型では、自分（使太刀）の構えは、青岸の中段ではなく、「城郭勢の順」の構えと呼ばれるものになる。右偏身で右足を大きく前に踏み出し、左腕を肩の高さに上げて伸ばし、前に差し出した刀の刃を左上へ四十五度の角度で向ける。つまり、刀を右下から左上に四十五度の角度で撥ね上げて、その撥ね切りが肩の高さで止まったような形です。

この構えに対して、敵（打太刀）は下段からこちらの左拳を真っ直ぐに切って来る。その切りを横雷刀に上げ外し、次に横雷刀を逆勢に返して相手の両腕に勝つ。勝って、自分の身を右後方に大きく引き取る点は、先ほどの例とまったく変わりません。引き取って、「逆中段」の構えに収まるのです。

同じ「天狗抄」にある七本目の型「乱剣」では、双方の構えは青岸の中段です。その構えから、敵が自分の左拳を順勢に切り払ってくる。その切りを横雷刀に上げ外して、逆勢に返し、双手切りを出すところは、最初に挙げた例と同じです。ただし、「乱剣」では、敵の順勢の切りを外す時、自分の左手を柄から放して引き降ろし、右片手の横雷刀となる点が違う。この片手横雷刀を逆勢に返し、片手切りで相手の両腕を切るのです。片手切りではあっても、横雷刀の逆勢の太刀筋はまったく変わりません。

これは、大事なことですが、横雷刀からの逆勢の切りでは、必ず切り出す直前の構えは順勢の横雷刀になっている。逆勢の横雷刀という構えは、静止状態としてはないと言っていいでしょう。横雷刀からの逆勢の切りは、刀を順勢から逆勢に返して切る、というのが大原則となります。順勢から逆勢への、この返しの正確さこそが、直後に切り降ろされる太刀筋の正しさを決定づけるのです。

たとえば、青岸の中段に構える自分の左拳を、敵が順勢に切り払ってくるとしましょう。これを横雷刀に上げ外す動作は、決していい加減に省略されたものであってはいけません。頭上に正確に上がった横雷刀の太刀だけが、頭上で正確な逆勢に転じ、影を映す光のように直進して相手の前腕部に達するのです。

「横雷刀の逆勢」という「構え」はありませんが、「太刀筋」は明確にある。太刀筋のあるところには、必ずそれに応じた「位取り」が始めにあります。横雷刀の順勢から逆勢に返す一瞬に正確な「位取り」が為されていなければ、この太刀筋は使えません。低い位置で手首をこねて回したり、肘関節で小さくひねったりするような切りは、決して横雷刀の逆勢の切りではありません。

また、有りがちなことですが、横雷刀の順勢に構えた位置から、刀を振り下ろしながらだんだんに逆勢になる、というのも太刀筋の道をはずれたことです。そういう場合には、切り筋は不安定な曲線を描くでしょう。太刀の当たりは弱く、当たるだけで切れないこともしばしばでしょう。順勢であれ、逆勢であれ、横雷刀からの切りは、光のように直線であることを第一とし、太刀が通った後の空間には、大きな斜面が光の屋根のように描かれる。そういう感覚をもって振ることが大事です。

「月影」の拍子

横雷刀からの太刀筋を浴びせられる敵にとっては、自分が切る動作の上から光の屋根をかぶせられるような負け方をする。そのようにかぶさってくる太刀筋からは、逃れられない感じがする。実際、間積り、拍子が正しく伴っていれば、まず逃れられないでしょう。つまり、ここには流儀の作り出した必然の勝ち方があって、そういう勝ち方に結びつくものでない限り、流儀を構成する太刀筋にはなりません。

ところで、このように相手の切りの上から屋根をかぶせるような横雷刀の勝ち口は、「越す拍子」によるものです。しかし、横雷刀の順勢の切りにも「当たる拍子」の勝ち口があることは、前節ですでに述べました。「燕飛六箇之太刀」のなかの「月影」という型は、その場合を示していると。この「月影」という型は、実は連続する二つの切りから成っていて、横雷刀からの順勢、逆勢の切りを「当たる拍子」で続けて出すのです。敵の動きは、刀を額の前に、やや順勢に右から左に傾斜させて掲げ、身を低くして体当たりしてくるもので、この攻め方を「折甲《せっこう》」と呼ぶ。これも前節で述べました。

「月影」は、自分の横雷刀に対して、敵が「折甲」で体当たりしてくる場合に使います。頭上に取られた敵の刀は、横雷刀に構えたこちらの両手首へ、体当たりでぶつかってこようとしています。この時、横雷刀からの順勢で打ち出されたこちらの太刀は、敵の右拳を真っ直ぐに切り付ける。切る時には、右足をわずかに踏み出しています。続いて、その太刀を小さく引き上げて横雷刀に取り上げ直し、その太刀を逆勢に返して相手の頭上の左拳に切り付ける。横雷刀からの逆勢の切りです。この場合、「月影」の型としては、後ろの左足を前の右足に踏み揃えるように出し（この時は交叉させません）、すぐに右足を自分の斜め右後方四十五度の線に大きく引きます。そうやって、逆中段に引き取る。横雷刀からの逆勢の切りが収まるところは、いつもこの逆中段です。

「月影」は、横雷刀からの順、逆二つの切りを、「当たる拍子」で一瞬に使って、自分の右斜め後方に大きく引き取る。敵の「折甲」の体当たりをぎりぎりまで引きつけて、一気に横雷刀からの順勢の切りでその動きを崩し、次に逆勢の切りで、右後方に引き取って、敵の体当たりをはずすわけです。順勢で一瞬だけ崩して、すぐに逆勢ではずす。敵の望む全面衝突を避けている、と言ってもいい。甲冑《かっちゅう》武者が「折甲」を使って体当たりしてくる場合には、これくらいにしないと防ぎきれなかったものでしょう。「月影」の一手は、まさに戦国期の攻防をなまなましく伝えています。

この「月影」という言葉にも、なかなかの味わいがある。稽古の段階が進むにつれ、その味わいがよくわかってきます。「折甲」で体当たりをしかけてくる敵の拳を、どの瞬間に打つか。その呼吸、間積りについて、この言葉は教えてくれている。たとえば、庇《ひさし》の陰に入っていたものが、少しでも外に出た瞬間、月の光がそのものの影に真っ直ぐに射し込む。このように敵が庇の下から出る瞬間を、新陰流では「関《せき》を越す」と言って、ここを越されてしまうと、敵の体当たりは防ぐことができなくなる。応じる技が、間に合わなくなる。つまり瀬戸際の一瞬ですが、こちら側の勝機もまたその一瞬にある、というわけです。「月影」という言葉は、そうした術理を暗示していると思われます。

以上で、新陰流の体系を成す十通りの太刀筋の、ごく大まかな説明が終わりました。次章では、これらの太刀筋に基づいた刀法の実際について、さらに詳しく述べてみることにしましょう。

第四章　立合いの心得

一「十文字勝ち」のこと

刀を真っ直ぐに振り降ろす

前章で、一応の説明を終えた〈十通りの太刀筋〉のうち、第一のものは頭上からの真っ直ぐの切りでした（第三章第一節参照）。この太刀筋が、新陰流の極意中の極意である「十文字勝ち《じゅうもんじ》」または「転《まろばし》勝ち」と呼ばれる勝ち口において大変厳密に用いられることについては、すでに少しだけ触れておきました。本節では、改めて「十文字勝ち」に焦点を当て、この技法が極意中の極意を表わす理由について書いてみましょう。

刀を真っ直ぐに振り降ろすことは、それだけでもなかなかに難しいものです。この場合、真っ直ぐにとは、自分の体の中心線に沿って、という意味です。この中心線を新陰流では「人中路《じんちゅうろ》」と呼びます。「人中」は、鼻の下から上唇まで縦に伸びている窪みですが、新陰流で「人中路」と言えば、その人中を含んだ体の中心線全体を言います。真っ直ぐの太刀筋は、頭から顔の真ん中を通り、首、胸、腹、両脚の間の中心線を通ります。この線は、体が相手に正対している時の移動軸に当たり、この中心軸を少しもぶれさせることなく前に歩き、後ろに引く稽古は、最も基本的なものです。真っ直ぐの太刀筋は、中心軸のこの移動とともにある。

現代の剣道に、正面打ちの「素振《すぶ》り」なるものがありますが、竹刀が通る太刀路《たちみち》を見ていると、たいてい右上から左下へ斜めに竹刀が降りている。竹刀が真っ直ぐに降りている場合でも、体は左に開いて、太刀路が人中路をはずれています。こういう動きには、移動軸と切り筋の一致という原則がないわけです。移動軸と一致しない切り筋は、太刀路ではあっても太刀筋とは言えません。新陰流に太刀筋が十通りある、と言うのは、切り筋と移動軸との一致の仕方が十通りある、という意味です。この一致を考えなければ、切り筋はいくらでもあります。単なる太刀路というものは、無数にある。

剣道がやっている正面打ちの「素振り」には、太刀筋の追究というものがありません。だから、初心の内に、とても簡単に「出来た」ことになってしまう。他流はともかく、新陰流の場合には、真っ直ぐの太刀筋は、一生をかけて完成するか、あるいはしないかでしょう。「出来た」と思っても、まだその先がある。少なくとも私には、そういうもののように感じられている。「十文字勝ち」という極意の会得は、こうした太刀筋の追究といつも密接に関わっています。

刀を人中路に沿って真っ直ぐに振り降ろすためには、まず自分が、相手に対して、すなわち切り込む方向に対して、あくまで真っ直ぐに立っている必要があります。切り込む方向に人中路を当て、そのまま真っ直ぐに前進できるようにするのです。この時、相手に対して、己の人中路を開いて真っ直ぐに立つ、という感覚が必要でしょう。このような感覚は、両手で太刀を持つ剣法のなかで、初めて生まれてきたものだと言えます。

すでに述べたように、世界中の剣技は片手による剣の扱いを原則にしています。その方が、遠くから相手に刺撃を与えられる点で有利だからです。両手を使うのは、片手では扱いかねるほど重い刀剣を用いる場合に限られる。室町期以降の日本の剣法だけが、刀の両手保持を原則にした。人中路に沿って振り降ろす、というような動きは、ここから生まれてきました。俗に言う「拝み打ち」です。

このような正面からの切りは、伸びの点では最も不利だと言える。同じ両手太刀の切りでも、体を偏身《ひとえみ》に開いて斜めの太刀筋で切った方が、人中路に沿った真っ直ぐの切りよりは伸びるでしょう。また、このような真っ直ぐの切りは、相手に両肩と左右の腹をすっかりさらしてしまう点でも、危険がある。新陰流の十文字勝ちは、両手太刀の真っ直ぐの太刀筋が持つこうした不利、危険を、まさに一挙に勝つ理法へと変えてしまいます。

自分の中心線を相手に示す

自分の左右の肩、腹に切りかかってくる相手の拳を、ズイと踏み込んで真っ直ぐに切り落とす。簡単に言えば、これが十文字勝ちです。この時、大切なことは、自分の人中路が相手の移動軸と同じ線上で向かい合い、一致していることです。この線をはずせば、十文字勝ちは成立しません。まぐれ当たりに相手のどちらかの拳を切れたとしても、相打ちになって、自分の肋《あばら》だか腰だかも切られるでしょう。

自分の移動軸は人中路にある。斜め切りを出す相手の移動軸は、必ず人中路から左右のいずれかへわずかに移っています。たとえば、相手が右足を踏み込んで、こちらの左肩から斜め下へ切ってくる場合（すでに述べた「順勢」の切りです）、その相手の移動軸は、人中路の右側、すなわち右目から右胸、右太腿の内側を結ぶ線に移っているのが普通です。よほどの下手でない限りそうなるでしょう。相手のその移動軸に、自分の人中路を合わせて真っ直ぐに刀を振り降ろす。相手の切りは、右偏身の順勢の斜太刀《しゃだち》であるが故に、こちら側の真っ直ぐの切りよりわずかに伸びるでしょう。それを知った上で、こちら側はズイと相手の懐に踏み込む気持ちで打つのです。打たれた左拳（あるいは両拳の間、すなわち柄中《つかなか》）を通して、相手は必ず、ややのけぞるようにして自身の右方に崩れます。決して相打ちにはなりません。このような動きが、十文字勝ちの典型です。

典型でない場合、すなわち相手がこちらの体の左右上下にいろいろな切り筋で打ってきても、十文字勝ちの心得は基本的にはひとつです。自分の人中路を相手の移動軸に合わせて、ただ真っ直ぐに振り降ろせばいい。相手の切りが、自分の顔、首筋、肩、腹、腰、いずれに来ても同じことです。ただひとつ、注意を要する点は、自分が真っ直ぐの中段や、青岸の中段に構えている時、相手が自分の手に浅く切ってきた場合には、いま述べた形での十文字勝ちは使えません。使えば、互いに手を打ち合うことになります。十文字勝ちは、相手がこちらの体の本体、顔から肩、腰、脚にいたる本体へ切りつけてきた時にのみ、そのまま使える。その理由については、後の節でまた詳しく述べます。

十文字勝ちでまず大事なのは、相手に正対し、己の人中路を開いて立つという姿です。つまり、自分の中心線を相手に示す。これは「構え」の話ではなく、「位取り」の話で、どのような構えから十文字勝ちを出しても、頭上から刀を振り降ろす瞬間には、自分の人中路が、切りかかってくる相手の移動軸に向かってぴたりと一致していなくてはならない。これは、己を守る、防ぐ、隠す、という心持ちが爪の垢ほどもあってはできない「位取り」なのです。

敵は自己の人中路に対して、千変万化の攻撃をしかけてくるでしょう。騙し、脅し、驚かせて、こちらを追い込もうとするでしょう。そういう働きかけにいささかも動ぜず、切りかかる相手の執刀手《しっとうしゅ》を、ただまっすぐに打ち落とす。それができるのは、相手の移動軸にぴたりと一致させた自分の人中路、これに沿って切り降ろされる太刀筋の不敗を信じる心が、根本に迷いなくあるからです。このような心を、柳生石舟斎は『没滋味《もつじみ》手段口伝書』の巻頭で「勇」と呼んでいます。己の人中路を相手に開き、それを切り通して何ものをも懼《おそ》れない十文字勝ちの心こそが「勇」です。これは新陰流兵法全体を貫く第一の心持ちだと言えるでしょう。

ひしぎ打つ

この十文字勝ちは、相手がこちらの体の左右いずれかに来るすべての切り筋を想定しています。

たとえば、相手が右足を前にして踏み込み、前腕部を交叉させて、こちらの右肩へ逆勢に切りかかってきたとしましょう。「猿廻」の太刀筋と呼ばれる切り方です。この場合、相手の移動軸は、右目、右胸、右太股の内側を通る線にあります。その線に、こちらの人中路を合わせて、相手の右拳を真っ直ぐに打ち落とす。

相手が切り付けてくるところが、腹であろうと、腰であろうと、また脚であろうと同じことです。ただし、腰よりも下の低い位置に来る場合には、「折敷《おりし》く」と言って、左膝を床につき、右膝を立て、左足の踵に自分の尻の左側を乗せるようにして垂直に沈み込みます。体重のこの沈みを利用して、真っ直ぐの太刀筋を使う。折敷きの十文字勝ちです。

このような次第ですから、刀をだらりと下段に提《さ》げ（新陰流に言う「無形《むけい》の位」）、自分の体全体を真向きに相手に曝している時、敵がどの部分に切りかかってこようと、十文字勝ちの一手を正確に使えば勝つことになります。何の構えも取らない「無形の位」で、スルスルと近づいてくるこちらの歩みに対して、相手は言わばその構えのなさに耐えられなくなって、どこかに切り込んでくる。その相手に、己の人中路を切り通す一手によって勝つ。このような勝ち味を、体で知り尽くすことによって育つ自信が、養われる必勝の信念があります。

この勝ち方は、新陰流では稽古を始めてかなり早い時期に伝授されてきました。極意中の極意だからといって、最後まで隠したりはしない。むしろなるべく早い内に知って、永く稽古を積んだほうがいい。「勇」の心を習う道筋を示したほうがいい。そういう考え方です。けれども、面白いことに十文字勝ちは、最後に習う秘伝の太刀《かた》としても伝えられている。最初と最後に同じことを習うわけです。

たとえば、新陰流のなかに「急の太刀」と呼ばれる九つの動きがあります。この九本は、すべて「無形の位」からの十文字勝ちを示しています。九本に分かれるのは、相手の構えや切り筋の違いに因ります。相手は、いろいろなことをする。しかし、こちらの動きは同じで、ただズイと踏み込んで、己の人中路を切り通せばいいのです。

この「急の太刀」のなかには、相手もまた真っ直ぐ自分の人中路を切り通してくる場合が含まれています。こちらの額を割って、無形に下げた両手まで切り通そうとしてくる。こういう場合は、どうするのでしょう。こちらがすることには、何の変りもありません。ただ、己の人中路を正面に開き、そこを真っ直ぐに切り通せばいい。この時、自分の人中路は、相手の人中路にぴたりと一致することになります。振り降ろした自分の刀は、相手の刀をその切っ先から割り、鎬《しのぎ》をひしぎ打って、真っ直ぐに相手の眉間から両拳を切ることになります。鎬とは、刃と峰の間にある小高い筋、鐔元から切っ先までを通る、角をつけた筋のことです。この角を利用して相手の切りを打ち崩すことを、「ひしぎ打つ」と言います。相手の真っ直ぐの切りを切っ先から「ひしぎ打つ」勝ち方を、「合《がっ》し打ち」と呼びますが、これもまた十文字勝ちのひとつにほかなりません。

このように書いてくれれば、おわかりのことでしょう。十文字勝ちは、新陰流の根底にある何か語り難い原理を実に具体的に表わしています。この原理は、心の持ちようでもあるし、生きる原則でもあるし、思惟と行動との根本法則でもある。すでに述べたように、十文字勝ちの別名は「転勝ち《まろばし》」です。この「転《まろばし》」は、『孫子』に由来する言葉ですが、上泉伊勢守では、「敵に随って転変」する、という意味が中心になる。次節では、この原理としての「転」を、さらに術理の具体例を通して詳しく説明してみましょう。

二　小転のこと

小太刀で勝つ

「十文字勝ち」が「転《まろばし》勝ち」とも呼ばれることは、前節でも書きましたが、『孫子』に由来するこの「転」の字に、上泉伊勢守《かみいずみいせのかみ》は二つの意味を込めていたようです。ひとつは、敵の動きに随って転変するという意味、もうひとつは、高い嶺から千尋の下に巨岩を転がし落とす、という意味です。前者は〈随敵の教え〉を示し、後者は〈吾方《わがかた》において勝つ〉という教えを示しています。二つの意味は、一見すると矛盾しているようですが、この二つの心持ちを、いつもひとつにして合わせ持つのでなくては、「転勝ち」はできません。随敵のみでは、敵の動きを追うばかりで、翻弄されてしまいます。吾方《わがかた》のみの覚悟では、その場所に硬直し、敵にあっさり裏をかかれるでしょう。

言うまでもなく、敵は千変万化の手段を用い、予測できない色々な技をしかけてきます。その動きに随って転変し、千尋の下へ巨岩を落とすように自分の人中路《じんちゅうろ》を打ち通すのが、「転勝ち」の心持ちです。このような教えは、剣法だけではなく、人の生き方全体にも、また多くの技芸の根本にも直接関わっているように思えます。

上泉伊勢守は、この転《まろばし》の極意を象徴する三本の太刀《かた》を遺しました。それは「小転《こまろばし》」と呼ばれる太刀で、勝つ側は小太刀をもって行ないます。ここで言う小太刀とは、小刀《しょうとう》、脇差《わきざし》のことですが、その刃長は一尺三寸とされている。脇差としても短めのものです。刃長とは言っても、これは割竹に被せる革袋の長さのことですから、ほんとうの脇差に付いている鎺《はばき》（刀身を元で支える金具）、鐔、柄の縁《ふち》金具（この部分は握りません）などの長さも入っている。ですから、実際の刃長は、一尺二寸あるかないかでしょう。新陰流で用いる小太刀は、このような小《こ》脇差《わきざし》です。

「小転」の太刀《かた》三本の動きを説明してみましょう。こちらは小太刀を右片手に執ります。敵は普通の刀をやはり右片手に執る。この刀を竹刀にした時の革袋の長さは二尺五寸あります。柄の部分を含めた全長は三尺二寸です。一本目は互いに刀を下段に提げ、五間ほど離れた「立合い間合」から互いに距離を詰め、一歩踏み込んで打てば相手に当たる位置まで進んでいく。その位置から、敵は右片手で下段に提げた刀を真っ直ぐ振り上げ、半円を描くようにしてこちらの左腹のあたりを払い切ってくる。その敵の右拳を、こちらは小太刀で十文字勝ちに真っ直ぐに打ち落とすのです。

二本目は、双方が真っ直ぐの中段で構えます。やはり刀を右片手に執って、立合い間合から進み、同じ十文字勝ちでこちらが勝つ。三本目は、双方の構えが、刀を真っ直ぐ頭上に置く「雷刀」で、やはりどちらも右片手だけを使います。要するに、三本の太刀《かた》は同じもので、ただ最初の構えが異なるだけです。

「小転」の太刀《かた》では、なぜ敵（打太刀《うちだち》）は、全長三尺二寸の袋竹刀を使うのに、始めから右片手太刀になっているのでしょう。それは、この太刀《かた》の目的が、初心の者に十文字勝ちの勝ち味を明瞭に感得させることにあるからだと、私は思います。もちろん、長い刀を使っての片手払い切りは、よくある動きです。その場合は、右肩、右腰が前に出た右偏身《みぎひとえみ》になっている。けれども、「小転」の打太刀は、こちら、すなわち使太刀《しだち》に向かって真向きの状態になっている。この場合、打太刀の移動軸は、人中路、すなわち体の中心線にあります。このような身勢《しんせい》での片手払い切りは、実際にはあり得ません。

では「小転」の太刀《かた》ではなぜ、そうするのでしょう。稽古上の便宜のため、と言うよりほかはありません。こちら側が、自分の人中路を相手の人中路に合わせ、それら二つの人中路に沿って真っ直ぐに小太刀を振り下ろす。すると、小太刀は相手の右拳を打ち落とし、その切っ先は相手の胸、喉のあたりをぴたりと指しています。自分の人中路を相手の人中路に合わせ、その線を真っ直ぐに打ち通せ、と教えるわけです。

「小転」が初心者になぜ伝授されるのか

けれども、この教えは、実戦の上では修正を必要とするでしょう。相手が自分の体の左右に切ってくる限り、相手の身勢は、ごく自然に偏身《ひとえみ》になっているからです。片手切りでも、両手切りでも、このことは変わらない。このような場合、正しくは、自分の人中路を相手の〈移動軸〉に合わせて打つ、と言わなくてはならないでしょう。言い換えると、相手の拳が相手の移動軸に入ってきた瞬間、その拳を上から真っ直ぐに打ち落とす。まさにこの瞬間を、精確な「拍子」と「間積り」のなかに読み切ることが、転勝ちの最も難しい点なのです。極意の極意たるゆえんがそこにあります。

このような動きは、実際には初心者にできるものではありません。が、尾張の新陰流では「小転」の太刀《かた》は、昔から比較的初心の頃に伝授されてきました。そのために、打太刀の身勢は、右片手の払い切りであるにもかかわらず、使太刀に対して真向きになっているのです。自分の人中路を相手の人中路に合わせよ、という、いたって平易な教えで、この太刀《かた》は伝授されていた。

しかし、敵が自分の体の左右に切ってくる場合、その移動軸は、決して人中路にはありません。たとえば、相手が右片手太刀でこちらの左の肩、腹、腰などに切ってくる場合を考えてみましょう。相手が踏み込んでくる足は、必ず右足です。この場合、相手の刀がどのような角度の切り筋を通るかによって、その移動軸は相手の体の右半分で、ほんのわずかずつ変化するでしょう。

切り筋の角度と体の開きとは、意識されなくても自然の相関関係があります。切り筋が縦になっていくほど、体の開きは小さくなります。水平に払う切り筋なら、体の開きは最も大きくなる。体の開きが小さければ小さいだけ、移動軸は人中路に近づきます。真横に大きく開くほど、移動軸は人中路を遠ざかって右側に寄ります。そのように変化する敵の移動軸を、自分の人中路で真っ直ぐに割り通すのが本来の転勝ちです。

「小転」では、そのような動きを右片手の小太刀で行なう。これには、かなりの鍛錬を要します。「小転」の太刀《かた》で、敵が、言わばまったく不自然な正面向きの姿勢になっているのは、初心者に分かりやすく教えるため、だけではなかったかもしれません。転勝ちの最も重要な眼目を、入門して日の浅い者に対して隠しておく目的があったかもしれない。そういうことは、柳生家の伝承では、しばしば行なわれています。ですから、上泉伊勢守が制定したとされる「小転」の太刀《かた》が、制定当時から、尾張柳生に伝えられていた通りのものだったかどうか、私は疑問を持っています。

尾張柳生家で剣の道統第五代に当たる柳生連也《れんや》厳包《としかね》が、伊勢守直伝の新陰流にかなり大幅な改定を加えたことは、すでに書きました。この連也厳包が新たに制定した太刀《かた》に「大転《おおまろばし》」というものがあります。使い方は「小転」とまったく同じで、ただ使太刀が、小脇差ではなく刃長二尺の短めの刀を両手に執って使う点だけが違う。初心者は、まずこの「大転」を習い、しばらくして後に「小転」を習うことになっています。これは、私の想像ですが、「小転」の太刀《かた》は、この「大転」が制定された時に、やはり連也厳包によって少し改定を受けたのかもしれません。

長短一味

新しく附け足されたこの「大転」には、もちろんよい点があります。それは、転勝ちにある「長短一味」という教えを、初心者にもよく感得させる点です。「長短」は刀の長い、短い、を言う。長い刀には、それなりの長所と短所とがあり、短い刀にもそれなりに得をするところと損をするところとがある。が、一般には、障碍物のない広い場所では、長い刀は短い刀よりも有利であるに決まっています。「長短一味」とは、そうした得失を一挙に消し去る、ないものにする、ということです。転勝ちは、そのことを可能にする。

「小転」であれ「大転」であれ、転勝ちの極意を、彼我異なる長さの刀を用いて表わしているのは、とても大事なことです。勝つのはいつも、短い刀を持つほうになる。ここで表わされる勝ち口は、敵がいかほどの長刀、豪刀をもって強く切り込んできても、その間積りを破って、敵の動きの内側に踏み込み、頭上からのただ真っ直ぐの一振りで拳を切り落とす、というものです。そのことは、小脇差一本あれば充分にできる。「小転」は、その原理を明示しています。「大転」が、短い刀を両手に執って使わせるのは、そのことが、小太刀を片手で扱うよりも、ずっと刀を振りやすくさせるからです。けれども、その刀は相手の刀よりも刃長が五寸も短い。

自分の刀が、相手の刀よりかなり短い、ということは、転勝ちの極意を得るためには、実に大切なことだと言えるでしょう。転勝ちは、いろいろな勝ち口のなかの有効な一手などではありません。流儀の根幹を成すひとつの働きであり、精神なのです。この精神は、相手の間積りを越えて、その内側に踏み込む「英雄の心」だということを、上泉伊勢守はさまざまに教えている。「千人に英たり、万人に傑たるに非《あらざ》ればいかで予が家法を伝えんや」（『影目録』）と伊勢守は言った。「小転」の太刀《かた》三本は、これを学ぶ者の心に、そのような理想を点火する火種にほかならないのです。

「小転」の打太刀が、右片手切りを出すことは、おそらく伊勢守の時代から変わりないでしょう。変えられたところがあったとすれば、それは打太刀の移動軸が人中路になり、使太刀に正対する姿勢となったところでしょう。打太刀が片手切りを出すのは、それが切りの〈伸び〉という点で、最も恐るべき攻撃だからです。もちろん、その場合には、打太刀の身勢は大きく右偏身になる必要がある。

不意をついてこのような切りを一気に出されると、よほどの遣い手でも、ただ後ろに飛び退いて逃げるのが精一杯です。この切りに対して、躊躇なく自分の人中路を相手の移動軸に合わせ、相手の間積りを破って踏み込み、真っ直ぐの十文字切りが出せる人は「千人に英たり、万人に傑たる」ような心の持ち主でしょう。しかも、それを小脇差のひと振りでやってのける。「小転」が示しているのは、そのことです。

「大転」を作った柳生連也は、愛刀秦光代《はたみつしろ》を生涯に二度磨《す》り上げ（刀身を短くし）、晩年に差していたものは刃長一尺九寸八分しかありませんでした。これは、「大転」の稽古に用いる竹刀の長さで、刀というよりは大脇差《おおわきざし》の部類です。この長さで充分、という単純な自負から行なったことではないでしょう。この時代、もはや刀は、戦《いくさ》で切り合うための武器ではまったくありません。連也は、常に腰に帯びるこの光代の一刀に、新陰流が求める英勇心を秘め、託していたかったに違いありません。だとすると、彼が愛刀を生涯に二度磨り上げたというのは、なかなか興味深い事実ではありませんか。おそらく連也厳包には、「転《まろばし》」への信が成就する二つの段階が、その生涯のうちにあったのでしょう。その度に、刀は磨り上げられ、短くなっていった。私には、どうもそう思われるのです。

三　「遠山」の教え

不変の基軸

剣の柳生太祖、石舟斎宗厳《せきしゅうさいむねとし》が、上泉伊勢守《かみいずみいせのかみ》からの口伝をまとめて三十六条の目録書《もくろくがき》としたものに『新陰流兵法截相口伝書《きりあいくでんしょ》』という文書があります。この口伝書は、目録書のみですから、内容についての注釈書がどうしても必要になる。その注釈書には、宗厳の孫に当たる連也厳包《れんやとしかね》が江戸時代の初めに書いた『新陰流兵法截相口伝書内伝』と、江戸時代後期に尾張柳生家補佐役の長岡房成が書いた『新陰流兵法截相口伝書外伝』とがあります。これらの伝書には、流祖から伝わる新陰流刀法の根本が書かれていて、この流儀において最も大切な教えとなっています。この目録書の第七条に「遠山之事《えんざんのこと》」という項目がある。その前の第六条にあるのは「十文字之事」です。この二つの条項が並んでいるのは、もちろん偶然ではありません。二つの間には、大変密接な繋がりがあるのです。

「遠山」とは、両肩のことです。特に自分の両肩のことを言う。連也厳包の『口伝書内伝』にある注釈を見てみましょう。

「吾《わが》両ノカタ也。吾《わが》左ノカタヘ敵ノ太刀先キタラバ、上ヨリ可勝也《かつべきなり》。又、右ノカタサキヘキタラバ極意ト可勝也。我《われ》、太刀先ヤル事ハ、敵ノ左ノ首ノネヘ、ツキカケベシ」

「遠山之事」という一条に託した伊勢守の教えは、まさにこの通りであったろうと思います。

「上ヨリ可勝也」というのは、十文字勝ちに真っ直ぐ上から打ち通すことを言うのでしょう。打つ部位は、相手の左拳か、両拳の間、すなわち「柄中《つかなか》」です。「極意ト可勝也」というのは、右足を前にした逆勢の切り、すなわち「猿廻《えんかい》」の太刀筋（先述した十通りの太刀筋の内の四つめ）で相手の右拳に打ち乗ることを言います。「極意と勝つ」とは、新陰流内の一種の隠語で、「猿廻」の太刀筋で相手の右拳に勝つことを意味するのです。

　相手が自分の左の肩先へ切り付ければ十文字勝ちに、右の肩先に切り付ければ猿廻勝ちに勝つ。これが、伊勢守から伝わる「遠山」の教えです。しかし、これは一体何を教えているのでしょうか。立ち合いの際に、不変の基軸とするべき心の置きようを教えているのだと、私は思います。

　防具を付けて、ルールで決められた部位だけを打ち合う現代の剣道は、その部位からはずれたところは、いくら打たれてもいいというわけで、その前提の上に立った隙だらけの動きになっています。実際の切り合いでは、指先一本、耳たぶひとつ切られても大変で、絶えず全身に気を配らなくてはならない。たとえば、「ツバぜり合い」などと称して呑気にやっているようなことは、真剣の切り合いではとうてい考えられません。やれば、たちまち肩、顔、首を傷つけ合って、双方血まみれになるでしょう。幕末の切り合いでは、ほんとうにそうなったようです。

私も子供の頃は、現代の剣道を熱心に習っていて、十九歳で初めて新陰流の手ほどきを受けました。それが、いかに現代の剣道とは異なるかを知るには、五年以上の歳月がかかった。けれども、すぐに気付いたこともあります。昔の剣術は、全身いたるところを、どんなやり方で切っても、突いてもいいし、至近距離から刀を投げつけたっていい。これを防いで、常に勝つということは、想像を絶することだ、私はそんなふうに感じました。そんな修行を一生続けてこられた老師（渡辺忠敏先生という方です）を見て、私は尊敬の念とともに、ゾッとするような感じも抱いたものです。

しかし、この修行は、剣豪小説にあるような無茶な、超人的なものではありません。誰でもが一から学べる方法として、実に行き届いた理をもって組織されている。そのことをほんの少しばかり知るのに、私は五年以上の歳月を要したというわけです。

「目付」の根本原理

『截相口伝書』の一条「遠山之事」が示しているのは、可能性としては無限にある相手の動きを、たった二つのものに分類してしまう原理だと言えます。すなわち、自分の右に来るか、左に来るか、この二つです。相手側のその二種類の切りを、自分の両肩で迎える。敵に両肩を与えて、ふわりと立つわけです。

刀の執り方は、青岸順勢の構えを原則とします。「我、太刀先ヤル事ハ、敵ノ左ノ首ノネへ、ツケカケベシ」とは、この構えを言っているのです。青岸の中段に構えれば、その太刀先は相手の左頸動脈のあたりに向いています。体を左に四十五度開き、右偏身《みぎひとえみ》になる。が、決して構えるという気持ちが強くあってはいけません。むしろ、何の構えもなく、ただそこにいる。強いのか、弱いのか、まるでわからない風情で佇んでいる、というのがいいのでしょう。

このように立って、相手の切りを自分の両肩に受ける気持ちを持つ。肩ではなく、腹、腰のあたりに来ればどうなるか。自分の身を少し低くして、その切りを肩のあたりで迎える気持ちになればいい。もっと低く来れば、左膝を地に付き、右膝を立てた低い姿勢にまで「折敷《おりし》く」。いずれの場合でも、重要なのは、常に上半身の軸を垂直に立て、右偏身の身勢を決して崩さないことです。このように迎えた時、振られる相手の拳が自分の肩の高さにくる瞬間が必ずある。切っ先より一瞬前に拳が降りてくる。その瞬間を捉えて、拳を打つわけです。

しかし、瞬間を捉える、などと言うのは正確ではないかもしれません。小さな動体を仮想上の停止点で捉えるような、反射神経による動きを思わせるかもしれない。そんな考えで稽古したのでは、「遠山」の教えは極意でも何でもない。大切なのは、相手との立ち合いに入った時から、自分と相手との関係を、ただひとつの動きの連続のなかにおき、その変化を絶えず内側から明視していることです。「遠山」とは、このような「目付《めつけ》」の教えにほかなりません。

青岸に構えた自分の左肩に相手が切ってくるのは、そこへ切りかからずにはいられなくなるからです。いかにも切りやすく、また切っていく以外には手のほどこしようがないように感じさせる。もちろん、いつでも、誰にでも、こんな風に感じさせることができるのは、とびきりの名人でしょうが、ともかくもそういう気持ちで、相手を迎える。

相手が自分の左肩に切ってくれれば、その時、こちらの青岸の右偏身は真っ直ぐの中段に変化して、刀を体の中心線（人中路）に沿って頭上に上げ、右足をわずかに踏み込んで、「十文字勝ち」に相手の左拳、または両拳の間の柄中へ勝ちます。

相手が自分の右肩に切って来た時は、今度は右偏身のまま、やはり右足を踏み込んで、逆勢に相手の右拳を打つ。逆勢ですから、両腕は前腕部で交叉している。刀を右側頭部に上げ、左上から右下にかけて斜めに切り降ろす「猿廻勝ち」です。

敵が左に来れば十文字勝ち、右に来れば猿廻勝ち、この二つの動きを一体の心得、「目付」の根本原理として腹に据えていよ、というのが『截相口伝書』にある「遠山」の教えであると、私は思います。この原理によって、敵の動きの千変万化は、一挙にただ二つのものに還元され、その二つを予め制する心が、己の内に養われてくる。そういう教えです。

心の十文字

けれども、ここで疑問がひとつ湧いてくるでしょう。十文字勝ち（転《まろばし》勝ち）は、相手が自分の左右、上下いずれに来ても、人中路を通す真上からの一太刀で拳を切り落とす技だったのではないか。なぜ「遠山」の教えでは、そうではないのか。なぜ、右肩に切りつけてくる相手に対しては、猿廻を用いて勝て、と書かれているのか。この疑問への精確な答えは、大変重要な術理を含むことになります。

自分の右肩に切り付けてくる相手は、どのような動き方をするでしょう。最も考えられるのは、右足を踏み込み、両腕を前腕部で交叉させて打つ動きです。これが四十五度の角度で切り込んでくれば、猿廻の太刀筋を使っていることになる。あるいは、四十五度でなくてもいい。敵は、いろいろな角度で切り込んでくるでしょうが、右足前で、両腕が交叉する打ち方であることに変わりはない。でなければ、左足を踏み込んで、やはり両腕を交叉させて打つ、あの「斬釘《ざんてい》」の太刀筋に似た動き方をするかもしれない。動きは、せいぜいその二つしかありません。

これらふたつの動きが、最も無駄なく行なわれる場合、相手が踏み出す前足は、青岸に構えるこちらの右足の前にくるでしょう。相手が右足を踏み出せば、互いの右足が一線上に正対することになります。この位置関係で、こちらが真向きになって人中路を打ち通せば、こちらの移動軸（人中路）は、相手の移動軸と一致しません。右偏身になっている相手の移動軸（右軸）は、こちらの人中路よりわずかに右側にあることになります。これでは、正しい十文字勝ちは成り立たない。

二人が青岸で構え合っていた時には、こちらの右足は相手の左足に正対し、こちらの左足は、相手の右足に正対しています。このまま相手が、順勢にこちらの左肩へ切ってきた場合には、相手に対して正面向きになり、自分の人中路を打ち通せば、その打ちは、相手の右偏身の移動軸を縦に割るでしょう。相手が右足を踏み込んで、こちらの右肩を打ってくる場合、その右足は足の幅の分だけ、右に（相手にとっては左に）移りながら前進することになります。この時には、こちらの右軸と相手の右軸とが正対していることになる。この位置関係から、最も無駄なく出せる切り筋は、猿廻です。相手が左足を踏み込んできてもいい。こちらは、その左足に正対する右足を、ほんのわずかだけ踏み込んで猿廻の切り筋を出せばいいのです。

型として制定されている「小転《こまろばし》」や「大転《おおまろばし》」、あるいは「急之太刀」では、打太刀はすべてこちらの左側に打ってきます。それを真上から打ち落とす。右側に打って来た場合には、この十文字勝ちは、ほんとうはうまくいきません。左右いずれに来ても十文字勝ちでよし、とされるのは、ただその心持のことを言っているのでしょう。右側に来れば、猿廻を用いますが、それは長岡房成の言葉を借りれば「心ノ十文字」（『口伝書外伝』）をもって使うのです。「遠山之事」の一条は、まさにこの「心ノ十文字」を教えているのだと言っていい。

『截相口伝書』には、第二十六条に「気ハ肩先、見《み》分《わけ》目《め》付《つけ》之事」という言葉があります。連也厳包の『口伝書内伝』は、この一条を注して、次のように書いている。「吾肩先ニ気ヲ持テ、浮立ツヤウニ仕懸ケ、敵ノ太刀右ヘクルカ、左ヘクルカヲ見分テ勝事也」。したがって、この一条は、「遠山之事」とまったく同じ教えを説き直したものにほかなりません。遠山の教えは、「見分目付」の極意を示したものと言える。この目付けが、真剣の切り合いにおいていかに大事なものか、切実なものか。防具を付け、長竹刀を振り回して任意に打ち合う江戸後期の剣術は、次第にそのことを忘れていったようです。

四　敵を我が左に誘うこと

浮足――足法の基本にして極意

前節の終わりでお話しした「見分目付《みわけめつけ》」のことを、少し補足しておきましょう。敵が自分の体の左側に切りかかるか、右側に切りかかるか、これを見分けて応じるのが、新陰流刀法の基本となる「目付」です。「目付」という用語の意味は、これによって明らかでしょう。無数の太刀路で、こちらの無数の部位に切りかかってくる相手を、左右のたった二つの範疇にわけて捌く。それに必要な流儀の視覚を「目付」というのです。二つに分けて捌くには、それに応じる動きの原則が確立されていなくてはなりません。すでにお話しした〈十通りの太刀筋〉は、それらの原則を列挙し、分類づけたものです。

この「見分目付」を行なうにあたって、「気ハ肩先」に、というのが流祖、上泉伊勢守《かみいずみいせのかみ》の教えでした。「気」を両肩に置き、「浮立ツヤウニ仕懸ケ」というのは、連也厳包《れんやとしかね》が加えた注釈です。「浮立ツヤウニ」とは、どんな様子を言うのでしょう。これは、スルスルとこだわりなく進んで、間《ま》を詰めていく動きを言っているのだと、私は思います。前にも述べたように、腰を真上に吊り上げるようにし、下腹を沈め、膝関節を少し緩めてスルスルと歩く。このように歩く時の足捌きを、新陰流では「浮足《うきあし》」と言って、とても重んじています。「浮足」の反対は、「居着《いつ》く」足で、地面に踏ん張って動きの自由を失っている立ち方、歩き方です。

一般の言葉で「浮足立つ」などと言えば、悪い意味になりますが、新陰流ではそういうことはない。「浮足」は、足法の基本であり、同時に極意です。この歩き方ができなければ、流儀の身《しん》勢《せい》も太刀筋も正確にはならない。その意味で、「浮足」は基本中の基本であり、初心者が第一に学ぶべきものです。これが、同時に極意でもあるとは、どういうことでしょう。「浮足」の足法は、こちらからスルスルと間を詰めていき、その結果、相手は先に打ち出さざるを得なくなる、そのような高度な呼吸を技として含んでいます。そうした意味では、極意だと言えるのです。

この場合、「気ハ肩先」という教えは、「浮足」の足法と一体になっている。思わず先に打ち出してしまう相手の切りが、自分の肩先に来るように誘導し、一瞬の内に間積《まづも》りを調整するわけです。前節で説明した「遠山《えんざん》」の教えは、その先にある最も簡潔な立ち合いの心得ということになります。

新陰流の「目付」では、相手の切りを、自分の左側か右側かの二つに分けて観るのですが、さらに進んで言えば、相手の切りが自分の左側へ来るように誘い込むことが大切です。二つに分けたものを、さらに一つに絞り込むわけです。左の肩に切り付けてきた相手には、十文字勝ちの一手で勝つことができる。あるいは、体を左に四十五度開いた青岸の順勢の切りで相手の左拳に勝つことができる。これは、十文字勝ちに次ぐ単純な、自然な勝ち口だと言えます。

相手を自分の左に誘い込むには、どうすればいいのでしょう。左を打ちやすく、右を打ちにくく感じさせるしかありません。すでに説明した新陰流の「青岸」は、そのことを意図して用いられる構えだと言えるでしょう。「青岸」を中段に取った場合、体を左に四十五度開き、刀は左から右に、やはり四十五度に傾斜させます。その切っ先は、相手の頸動脈のあたりに向いている。右足が前、左足が後ろです。前の右足は相手の左足と一線を結び、後ろの左足は相手の右足と一線を結びます。このようにすれば、必ず自分の左側が、半開きになった扉のように少し空いて見えます。相手にとって、最も打ちやすく感じられるのは、こちらの左肩から左拳にかけてです。

これは、初心者によくある単純な間違いですが、「青岸」に構えた時に、自分の右足を相手の右足の線上に置いて立っている人がいる。これでは、相手はこちらの左側へは打ってこないでしょう。右肩か、右小手のあたりが打ちやすいと感じる。つまり、「青岸」に構えた意味が消えてしまっているわけです。「青岸」は、相手を自分の左側に誘い込み、そこへ打たざるを得ないようにする構えなのですから。

「転身」の十文字勝ち

もちろん、それでもなお相手が右へ打ってくる、ということはあり得ます。その時には、おそらく相手は自分の右足を、こちらの右足の線へ移しながら打つことになるでしょう。その分、動

の「猿廻《えんかい》」の十文字勝ちの一手でよい。

きにわずかな無駄を生じさせているわけです。相手が自分の右肩に打ってきた場合、太刀筋でその拳を打ち落とすのが、「遠山」の教えでした。狙い通り、左肩を打ちに来るなら十文字勝ちの一手でよい。

ところが、「青岸」の中段に構えている者に対して、一拳にその左肩へ打ち込むのは、やってみれば案外むずかしいものです。間合を正しく置いている限り、かなりの距離を感じる。初心者だと、一歩の踏み込みだけでは、切っ先が肩に届かないように感じ、実際届かないでしょう。そこで、左拳に打ってくることが多くなる。誰もが、そこを最も打ちやすく感じるし、そう感じさせるのがいいのです。要するに、「青岸」の構えは、相手を自分の左拳に誘い込むことを主眼としている。そう言っていいでしょう。

では、「青岸」に構えた左拳に打ってくる相手にどう応じたらいいか。まず、そのまま十文字勝ちにいくことは、間違いです。これは、間積りにおける鉄則ですが、こちらの拳を打ちにくる相手の拳を、そのまま打ちにいってはいけません。それでは、両方が同時に拳を打ち合うことになって、つまり相打ちとなります。

「青岸」に構えているこちらの左拳へ打ってくる相手を、なお十文字勝ちで制するには、相手の左側に身を転じながら打つしかない。このような勝ち方を「転身《てんしん》」の十文字勝ちと言います。これを、少し詳しく説明してみましょう。

相手がこちらの左拳に順勢（両腕が平行になる打ち方）で切りかかってくる時、こちらは、前の右足を自分の右側、相手の左側に大きく移し、相手の人中路（体の中心線）を切り塞ぐようにしてその左拳を打ちます。右に移動する角度は、最初の位置から四十五度のところです。その位置にまで移った時、真っ直ぐに打ち通す自分の太刀筋は、相手の人中路に沿ってその左拳を捉えることができます。もちろん、相手の打ちは空打《くうだ》となる。

これは重要な点ですが、自分の打ちが相手の左拳を捉える瞬間と、前の右足が大きく移動して着地する瞬間は、同じでなくてはなりません。それでなければ、この勝ち方は成り立たない。たとえば、右足が先に行って、それが着地してから打ちにいくのでは、相手は簡単にその打ちを外すか、刀で受け止めるか、するでしょう。

相手の左に身を転じる時は、「青岸」に構えた右偏身《みぎひとえみ》を、一瞬で真っ直ぐの中段に変え、そのまま自分の人中路に沿って真っ直ぐに刀を頭上へ上げます。右足を相手の左に移すのは、その刀を真っ直ぐ降ろして打つ瞬間です。打った直後に、左足を前の右足の真後ろへ移し、真っ直ぐの中段に勝ち収めます。

左右深浅を見分ける

新陰流で、このような「転身」の十文字勝ちを最も典型的に示している太刀《かた》は「活人刀《かつにんとう》」と言って、これは六本で成る「奥儀之太刀《おくぎのかた》」のうちの三本目にあたります。青岸に構えるこちらの左拳を順勢に切り払ってくる相手に、十文字勝ちで勝つには、この一手しかなく、またこの一手で十分なのです。

新陰流には、こちらが青岸に構えるその左手を、相手が順勢で打ち込んでくる太刀《かた》が多くあります。このことから考えると、自分は青岸に構え、相手を自分の左拳に誘い込んで勝つのは、この流儀の基本的な心得だと言えるでしょう。勝ち方は、転身しながらの十文字勝ちだけではなく、さまざまにあります。たとえば、折敷《おりし》き打ちがある。左膝を床につき、右膝を立てて、座り込む動作と共に打つのが折敷き打ちです。両膝は、九十度の角度に開き、左足の踵を立てて、その上に尻の左半分が乗るようにします。いままでお話ししたたいていの太刀筋は、このように折敷いても使うことができます。

青岸に構えるこちらの左拳に、相手が浅く打ち付けてきたとしましょう。折敷きながら、相手の左拳を順勢の四十五度の太刀筋で切ることが可能です。あるいは、自分の右に移りながら折敷き、「クネリ打ち」で相手の左前腕部を切ることも可能です。この時、なぜ折敷く必要があるのか。こうした勝ち口では、相手の拳を自分の肩くらいの高さで捉えることが、必須だからです。でなければ、相打ちになる。相手が、始めから自分の肩先に切ってくる場合には、折敷く必要はない。立ったままで勝つことができます。

青岸の左拳に打ち込んでくる相手に勝つ方法は、折敷き打ちと、転身の十文字勝ちだけではありません。もっと簡単な勝ち方がある。それは、「越し打ち」を使う勝ち方です。たとえば、左拳に来る打ちを「横雷刀《よこらいとう》」に挙げはずし、そのまま「山陰《やまかげ》切り」で相手の両腕を切る。あるいは、左拳に来る打ちを十五度の太刀筋で挙げはずし、そのまま和卜《かぼく》勝ちに相手の左手を上から切り下ろす。いずれも「越す拍子」を使った勝ち口です。

「越す拍子」は、こんな具合に、相手が浅く自分の手に打ってきた場合に成り立つ拍子です。折敷いて、相手の左手を順勢に打つ場合には、「当たる拍子」になる。手へ打ってくる相手にそのまま「当たる拍子」で勝つには、折敷く必要があるのです。「クネリ打ち」で勝つのは「付ける拍子」によってですが、この拍子も本来は相手が深く打ってきた場合に成り立つものです。手に浅く打ってくる相手を「クネリ打ち」で捌くには、やはり折敷くしかない。そのようにして、相手の低く浅い打ちを、自分の肩の高さで迎えるわけです。

立合いの目付では、まず相手の刀が自分の右に来るか、左に来るかを〈見分ける〉ことが基本です。その時、自分の肩を相手に与えるように、スルスルと進み、あるいはふわりと立って、どちらかの肩に打ち込ませるのです。けれども、見分けるのは〈左右〉だけではありません。相手の打ちの〈深浅〉をも見分ける必要がある。特に青岸や真っ直ぐの中段のように、執刀手《しっとうしゅ》が前に出ている構えでは、相手が自分の手に打ってくるか、本体に打ってくるかをよく見分けることが大切です。これによって、拍子の使い分けも決まってくる。

このような見分けが、ある程度できるようになれば、相手をなるべく自分の左側に誘い込む工夫をします。右側に打つことを難しく感じさせるわけです。これをするには、青岸に構えることが最も有効で、新陰流刀法では、青岸を構え（位取り《くらいどり》）の中心に据えています。上泉伊勢守が作為した「参学円之太刀《さんがくえんのかた》」五本のうちの三本目に「半開半向《はんかいはんこう》」という太刀《かた》があります。これは、青岸に構えて相手を自分の左側に誘い込むという、立合いにおける根幹の心構えを示したものにほかなりません。自分への扉を左側で半開きにし、相手の動きをそこに集めて勝つ。「半開半向」は、その意味でとても重要な太刀《かた》で、たくさんの変化形を持っています。が、その教えを文字で説き尽くすことは、誰にも不可能でしょう。

五　返刀と廻刀

四十五度の太刀筋は返刀を通してつながる

新陰流の太刀筋が、およそ十通りあり、それらが互いに繋がって流儀の円環を成していることは、すでに述べました。特に四十五度の角度を持つ四つの太刀筋は、いつも厳密な円環を成して、ひとつの動きのなかにあると言えます。実際に、ひとつの動きとして一気に展開することができるのです。

その場合に、ひとつの切りが終わったところから、次の切りが始まる、その繋がり方もまた、太刀筋のなかに含まれる大切な動きだと考えなくてはなりません。新陰流には、このような繋がりを生み出す動きのなかで特に重要なものが二種類あって、それを「返刀《へんとう》」と「廻刀《かいとう》」と呼びます。「返刀」して打つことを「返し打ち」と言い、「廻刀」して打つことを「流し打ち」と言う。

たとえば、体を左に四十五度開き、刀を左から右に四十五度傾けて「青岸」の構えを取るとしましょう。ここから、前の右足を踏み込み、後ろの左足を少し継いで、順勢の四十五度の太刀筋で打ち込むとします。打ったあとで、すぐに両手を自分の頭の左側に上げる。この時、刀は打ち終わった時の四十五度の角度を守って、そのまま上に引き上げられなくてはなりません。右拳ひとつ分が、頭の左上に出るくらいの高さがいいでしょう。刀は頭の上で四十五度傾斜し、体全体がその刀の下に入って、屋根の軒下に身を置いているような形です。この形から、一挙に左足を右足の前に踏み込み、刀を逆勢に「返刀」して左上から右下へ四十五度の角度で切り下げる。「返し打ち」の形で、いわゆる「斬釘《ざんてい》」の切りを出すわけです。

青岸順勢の切りから、返刀して「斬釘」の切りに入る動きは、返し打ちの最も代表的なものだと言えるでしょう。ここで大事な点は、刀を頭の左横で返す時の角度です。左から右に四十五度傾斜した順勢の刀は、その位置で右から左に四十五度傾斜する逆勢に変化します。変化しながら、左肩が前、右肩が後ろの逆勢に移っていく。同時に、左足を前に踏み出し、右足を後ろに引いて「斬釘」の切りに入る。言葉で書くと、まことにややこしい次第となりますが、動作は右偏身《ひとえみ》から左偏身への一瞬の転換です。その間に、順勢から逆勢への返し打ちが含まれる。

このように逆勢に打ち収めた太刀は、そのまま自分の頭の右横に取り上げて、その位置で順勢に返し、再び右足を踏み込んで左足を引き、青岸の順勢の打ちを出すことができます。この時も、頭の右横に取り上げられた太刀は、頭上で右から左に四十五度の角度で正確に傾斜し、次いで返刀によって、左から右への四十五度の傾斜に変化します。返刀する時は、その動きに応じて、再び右足が前に、左足が後ろに引かれて、左偏身から右偏身に替わる。順勢から逆勢、逆勢から順勢へのこの変化は止むことのない円転のなかにあるもので、順は逆を、逆は順を常に孕んでいると言ってもいいでしょう。

すでに述べた四十五度の四つの太刀筋は、みなこのような返刀によって、どこまでも繫がることができます。たとえば、右足で踏み込み、両腕を頭の右横で交叉させて打つ「猿廻《えんかい》」の太刀筋を考えてみましょう。この打ちが収まった位置から、刀をそのまま頭の右横に取り上げ、その高さで刀を逆勢から順勢に返し、左足を踏み込んで右足を引きながら順勢に打ち込むことができます。左足前の順勢の太刀筋です。この位置から、再び返刀して「猿廻」の打ちを出すことも一瞬でできます。四十五度の四つの太刀筋は、返刀を通してどの順序にも繫がります。

それだけではありません。青岸の構えから「斬釘」の太刀筋を出す場合、その打ち自体が、頭の左側での返刀を含んでいます。あるいは青岸の構えから「猿廻」の太刀筋を出す場合、その打ち自体が頭の右横での返刀を含んでいると言えるでしょう。この返刀を正確に行なわなければ、「斬釘」も「猿廻」も、決して正しい太刀筋にはなりません。

廻刀による太刀筋の円環

廻刀の話に移りましょう。廻刀とは、自分の体側《たいそく》に刀を廻して次の打ちに移ることです。刀を廻す時には、切っ先を低く下げ、両手を頭上に上げて、刀を一旋回させます。たとえば、青岸の順勢に打ち収まったあと、刀を右偏身になった体の右体側で一旋回させ、左足を踏み込むと同時に右足を引き、「斬釘」の打ちを出す。廻刀を用いるこのような打ち方を、「流し打ち」と呼ぶことは、さきほど述べました。

青岸の順勢から「斬釘」の打ちに移ろうとして、なぜここでは「流し打ち」を用いるのでしょう。この動きは、青岸に打ち収まった自分の右肘から右肩のあたりに、敵が急に打ち返してくる場合を想定しているのです。その場合には、廻刀の動作は、その敵の打ちを受け流す役割を果たします。実際に打ちを受けなくてもいい。そのことが可能な過程を、廻刀の動作は含んでいる。

ここで大事なことは、この廻刀が相手に対してまずは右偏身で行なわれていること、また切っ先を下げて旋回する刀が、自分の右偏身の移動軸の前を通り、その刃が敵の移動軸の方に正確に向いていることです。その状態から、一気に左偏身に転じて「斬釘」の打ちに入る。自分の移動軸の前で切っ先を低く下げ、柄を頭上に上げて身を塞《ふせ》ぐようにする、この身勢《しんせい》を新陰流では「折《せっ》甲《こう》」と呼んで、敵に体当たりをかける時に有効な身の使い方です。打ってくる敵の刀に向けて、こちらは切っ先を下げて刀ごと体当たりする。移動軸の方向と体重の移動とが完全に一致した体当たりは、華奢《きゃしゃ》な女性が、すいとやっても実に強烈なもので、そのままでは抑えきれません。

廻刀の動作は、その真ん中に「折甲」の身勢を含んでいなければ、隙だらけの余計な動きになってしまいます。言い換えると、「流し打ち」は、「折甲」での体当たりを真に修得した人でないと、有効には行なえません。廻刀という大きな動作のなかで、敵に付け入る隙を与えてしまう。逆に、「流し打ち」が、正確に「折甲」の身勢を通過してくる場合には、敵は一瞬その身勢に威圧され、無意識の内にも体当たりへの身構えを取ってしまう。それが敵の側の隙となるわけです。そこを打つ。

廻刀による四十五度の四つの太刀筋の接続は、どのような組み合わせでも可能です。たとえば、まず「斬釘」の太刀筋で左偏身の逆勢の打ちを出し、続いて自分の左体側に刀を流して、右足前の青岸、順勢の打ちに転じることができる。打ち収まったその順勢の構えから、刀の柄を頭上に取り上げ、切っ先は右体側に下げて廻刀し、両腕を逆勢に交叉させながら右足を踏み込み、「猿廻」の打ちを出すことができます。さらにそこから、刀を左体側に廻刀し、後ろの左足を踏み出して前の右足を引き、両腕を順勢に（平行の形に）変化させて打つこともできます。廻刀による四つの太刀筋の組み合わせは自在であり、円転して尽きるところがありません。

また、廻刀は、四十五度の四つの太刀筋ばかりでなく、十五度の二つの太刀筋、順勢の和卜と逆勢の和卜とを相互に繋ぐこともでき、十五度の順逆の太刀筋を四十五度のいずれの太刀筋にも相互に繋ぐことができる。

廻刀によって無限に繋がれる太刀筋の円環が、その連接点に「折甲」を含んでいることは、とても重要なことです。これがなければ、わざわざ廻刀することには意味がないと言えるでしょう。廻刀による太刀筋の無限の円環は、いつもそのなかに「折甲」の働きを含むことによって、言わば球状に進んでいく刀＝身の運動として、敵を制することができるわけです。

〈打ち〉と〈打ち〉を繋ぐ動作

では、「返刀」に話を戻しましょう。返刀は、四十五度の太刀筋で打つ前の、一種の準備動作だと言っていい。たとえば、敵が自分の左側頭のあたりに打ち込んできたとしましょう。これに対して、まず十五度の太刀筋（和卜の順勢）で相手の左手を切り、さらに相手が刀を真っ直ぐの高い上段（雷刀《らいとう》）に振り上げるところを、追い打ちをかけるように左側頭で返刀し、左足を踏み込んで相手の右手首を四十五度の逆勢で切り上げる。十五度の太刀筋から、四十五度の太刀筋への接続を、返刀を用いて行なうわけです。

この時、四十五度の逆勢の切りは、相手が上段に上げる手を追っていくように、上向きに返し、切り上げる形になります。このような場合、返刀の動作は、相手の上段からの打ちに対する最善の防御になっている。左側頭から右に四十五度傾斜させた刀の下に、我が身を完全に蔵する身勢になっているわけです。その右偏身の身勢から、一挙に左偏身に転じて「返し打ち」を出す。

返刀の動作には、順勢の返しと逆勢の返しの二通りがあります。左側頭に刀を上げて逆勢に返すのは、順勢の返刀です。刀を右側頭に上げて、順勢に返すのは、逆勢の返刀です。刀を上げた時、両腕が平行になっているものは順勢の返しと呼び、交叉しているものは逆勢の返しと呼ぶわけです。返刀の動作は、相手の打ち込む刀を下から上へ撥ね上げるようにして防ぐ技を含んでいます。実際に撥ね上げなくてもよい、その動作によって相手の上段からの打ちを予め封じてしまう。その身勢から、一挙に返し打つ。あるいは、実際に撥ね上げ、相手の手が再び引き上げられたところを返し打つとしましょう。このように撥ね上げて、直ちに相手の手へ返し打つことを「相架《あいか》け返し打ち」と呼びます。

返刀の動作は、この「相架け返し打ち」を潜在的に含んで行なわれるのでなければ、かえって無駄な動きになり、隙を生じさせるでしょう。反対に、「相架け返し打ち」を正確に潜在させている返刀は、切ることと防ぐこととが完全に一体化した刀＝身の円転を生みます。廻刀の動作が「折甲」による体当たりをいつも潜在させているように、返刀の動作は「相架け返し打ち」をいつも含んでいると言えるでしょう。そうであってこそ、廻刀、返刀の二つの動作は、無駄なく、隙なく、自信をもって行なえるものになります。

新陰流では、〈打ち〉と〈打ち〉とを繋げる動作や身勢を、打ちそのものと同じくらいに重視します。返刀と廻刀とは、そのことから生まれてくる二種類の動作にほかなりません。これらの動作は、とりわけ四十五度の四つの太刀筋を連関させ、ただひとつの円環運動とする上で極めて重要なものです。したがって、四つの太刀筋を学ぶ時は、必ず返刀、廻刀のふたつの動作と共に学ぶ必要があります。個々の太刀筋ではなく、四つの太刀筋の連関を体系として同時に体得する、その心構えが大切なのです。

もちろん、太刀筋から太刀筋への連接の仕方は、返刀、廻刀のほかにもさまざまにあります。六本の型を連続して一挙に使う「燕飛《えんぴ》六箇《ろっこ》之《の》太刀《かた》」という新陰流の代表的な組太刀《くみだち》は、その繋がりの円転極まりない様をよく示している。上泉伊勢守《かみいずみいせのかみ》が創造した新陰流の真髄は、このような円転それ自体のうちにあるのです。

六　「相架ける」こと

「相架け」と〈受け止め〉の違い

これまで、お話しした新陰流の技法のなかで、相手が切ってくる刀を受け止めるという動きはありませんでした。時代劇の立ち回りを見ても、あるいは現代の剣道を見ても、受け止める動きは盛んにやっているわけで、これがないことには仕方がないと思われる読者も多いことでしょう。しかし、厳密に言うと、新陰流の刀法には、切ってくる相手の刀を〈受け止める〉という動きはありません。それに似た動きを、この流儀ではたとえば「相架《あいか》ける」と言って、これは単に受け止めることでは決してない。

前節で「返刀《へんとう》」と「廻刀《かいとう》」の動きについて書きましたが、「相架ける」動作は、これらに密接に繋がっています。相架けてから、すぐに返刀に入る動作を「相架け返し打ち」と言い、廻刀に入る動作を「相架け流し打ち」と言って、どちらの打ちを出すかで、相架ける動作は異なってきます。

まず「相架け返し打ち」から説明してみましょう。たとえば、こちらが青岸の中段、すなわち、体が左に四十五度開き、刀が左から右へ四十五度傾斜している構えを取っているとします。その時、相手がこちらの頭の真ん中か、左側頭部あたりに打ち込んでくる。それを見て、こちらは、わずかに前に踏み込んで、青岸に構えた刀をそのままの傾斜角で左上に上げ、自分の刀で相手の刀に、下から撥ね上げるように当たります。当たる時、両手の位置は左耳の横にあり、相手の刀と自分の刀との接点を、互いに「物打ち」（切っ先から三寸ばかりのところ）にくるようにします。この接点を刀の「物打ち」に取る、というところは非常に重要です。このことがなければ、相架ける動作は、ただの本能的な受け止めになって、流儀の正しい円環を外れてしまう。それは、なぜでしょうか。

青岸の構えから、「相架け返し打ち」を出そうとして左上に引き上げられた刀は、自分の頭上で左から右に四十五度傾斜しています。この時、こちらの刀の物打ちは、左に四十五度開いた自分の体の移動軸の真上にあるのです。つまり、物打と右偏身《みぎひとえみ》の移動軸とは縦の一線上にある。この移動軸を通してのわずかな体の前進が、自分の刀の物打ちで相手の刀と接点を取る動作にしっかり連動することになります。言い換えると、相架けは、全体重のわずかな移動と一致して行なわれることになるわけです。

相架ける際に、刀と刀との接点を自分の刀の物打ちに取ることは、必要不可欠な心得ですが、これと比べると、この接点が相手の刀の物打ちにあることは、結果的にそうなることがより有効と言えるに過ぎないかもしれません。相手は、さまざまな太刀路と間合で打ってくるでしょうから、相架ける時の接点は、必ずしも相手の刀の物打ちにはならないかもしれません。けれども、こちらの刀だけは、必ず物打ちで接点を取っている必要がある。そうやってこそ、接点を取ることの動作は、そのまま相手の動きを崩す働きとなることができるのです。

これは、さまざまな流儀の剣術や柔術においてもそうだと思いますが、刀によってであれ、手によってであれ、あるいは時には肘や膝を使ってであれ、ともかく相手とのあいだに何らかの〈接点〉を取る瞬間は、そのまま相手の動き、体勢を崩す瞬間になっているのでなければなりません。このようなことが出来るのは、相手と接点を取るその動きが、正確な移動軸を持っているかどうかにかかっています。体勢を崩されたままで、ただ相手の刀を懸命に受け止めるだけでは、必ず相手の二の太刀、三の太刀によって体のどこかを切られてしまうでしょう。反対に、相架けによって相手の動きを確実に崩すことができれば、次にこちらが出す返し打ち、あるいは流し打ちは、その崩しと完全にひとつの打ちになって、相手にはなかなか防ぎ難いものでしょう。

連拍子に打つ

相架けられた相手がその身勢を、たとい一瞬でも崩すのは、やはり相架ける刀の四十五度の傾斜角が、相手の刀の振り下ろされる方向を狂わせるからでしょう。しかし、それだけではありません。こちらの移動軸と刀同士の接点とを同一線上で一致させたわずかな踏み込みが、それに加わる。刀の正確な傾斜角、物打ちでの接点の取り方、その接点と体移動との一致、そういうものがなければ、ほんとうの相架けは成り立ちません。したがって、相架けることは、それ自体が何年もの稽古を要する技なのです。

ところで、青岸の構えから、両手が左耳の横に来るまで刀を引き上げるような相架けは、「返し打ち」をあらかじめ基本として含んでいる、そう言っていいでしょう。相架けた姿勢から、そのまま後ろの左足を前に踏み込み、前の右足を後ろに引き、二つの前腕が交叉する「逆勢」の太刀筋で相手の右手首を切る。つまり、「斬釘」の太刀筋を使うわけです。これが「相架け返し打ち」の基本です。また、こちらが相架けた直後に、相手が二度目の打ちをねらって引きさがりながら自分の刀を振り上げたとしましょう。こちらの「逆勢」の太刀筋は、その動きに連れ添うようにして、相手の右手首を追い打ちにします。

このような「返し打ち」は、相架ける動作の自然な延長として、一連の技として行なわれます。第三者から見ていると、こちらはただ刀を引き上げて簡単に打っただけのように見える。相架ける、というような防ぎの動作がいつ、どのように行なわれたかわからない、それくらいでなければ、相架け返し打ちは本物ではありません。当然ながら、そこまでの域に達する人は、あまり多くはないわけです。

いま説明したような相架けでは、刀と刀とが接する瞬間は、こちらの二つの前腕が平行になっていますから、「順勢」の相架けと言います。これを返し打って収まった時は、二つの前腕は交叉していますから、「逆勢」の太刀筋を使ったことになる。順勢に相架け、逆勢に返し打ったわけです。これと反対の「相架け返し打ち」があります。すなわち、逆勢に相架けて順勢に返し打つやり方がある。

たとえば、こちらが、正面向き、まっすぐの中段に構えているとしましょう。相手が、こちらの右側頭からこめかみあたりに打ってくる。その打ちを、後ろ左足を右足のやや前に踏み込んで、二つの前腕を交叉させて相架ける。両手の高さは右耳の位置、刀は右から左へ四十五度傾斜している。これが逆勢の相架けです。この動作から、ただちに後ろの右足を左足の少し前に踏み込み、次いで左足をやや後ろに引いて、順勢の四十五度の太刀筋で相手の左手首に打ち返す。返そうとする時、相手が刀を頭上に振り上げるなら、その左手首を追い打ちに返し打つ。このように追い打ちすることを「連拍子《つれびょうし》に打つ」と言います。この動きは、順勢に相架けて逆勢に打ち返す動きの言わば対称形を成すものです。

相架け流し打ち

では、「相架け流し打ち」に話を進めましょう。流し打ちを出そうとする場合には、相架けの動きは、返し打ちの場合と少し異なっています。たとえば、こちらが青岸の中段に構えているとします。相手が上からまっすぐ頭に打ってくる。その打ちを、こちらは下から摺り上げるような気分で迎え、やはり刀の物打ちで相手の刀と接点を取る。両腕は順勢のままで、拳は前方斜め上に持ち上げます。相架け返し打ちの時のように、拳を耳の横に引き寄せるのではなく、反対に前方斜め上に押し出すのです。

この時、自分の刀の物打ちは相手の刀の物打ちあたりを、四十五度の傾斜角で摺り上げ、自分の移動軸をまっすぐに立ててやや前方に踏み出す。これによって、相手の身勢は相手の右下方向へ崩れ気味になるでしょう。刀の物打ちにある接点と自分の体の移動軸とが縦の一線上に並ぶことは、この場合にも必須です。この身勢から、続けて流し打ちに入る。

ここからの流し打ちは、まず刀の切っ先を右下に下げ、柄を頭上に上げる動作から入り、右の体側で刀を旋回させて、二つの前腕が交叉する逆勢の切りに入ります。つまり、「斬釘」の太刀筋で相手の右手首を打つ。廻刀の途中で、相手が刀を振り上げれば、上げた右手首を「連拍子」に追い打ちする。刀を右体側で旋回させながら、右偏身から左偏身に一挙に転じて打つのです。その時、後ろの左足を右足の前に踏み込み、次に右足を後ろに引く。前節で述べたように、刀を旋回させる時は、その刀の動きに深く身を蔵するようにし、「折甲」の体当たりが可能な身勢を取ります。この身勢を通過しない流し打ちは、隙だらけの悠長なもので、そういう廻刀は、やらないほうがずっと安全でしょう。

「相架け流し打ち」で大切な点は、相架ける際に相手の身勢をわずかに崩し、しかも相手の打ちの勢いを完全には消してしまわないことです。打ちの勢いをわずかに残しておいて、その余勢を利用して自分の刀を瞬時に旋回させる、そういった感覚が必要です。私だけの感じ方かもしれませんが、相手の打ちは七分殺して、三分活かすというところでしょうか。もちろん、このような相架けは、それだけでもむずかしい技で、よほどの習熟を必要とします。何よりも身勢、太刀筋、間積りの正確さを必要とする。

逆勢から入る「相架け流し打ち」も、もちろんあります。たとえば、こちらが刀を下段に提げていて、相手が頭にまっすぐ打ってくるとします。これを下から摺り上げるように相架けるのですが、左足を踏み込み、二つの前腕を交叉させて、自分の刀の物打ちで相手の刀の物打ちと接点を取る。続いて左体側に刀を流し、旋回させて、右足を踏み込み、左足を引いて順勢に相手の左手首を打ちます。そのあいだに、相手が刀を振り上げれば、やはり連拍子にその左手首を追い打ちにする。

「相架ける」とひとくちに言っても、それが返し打ちを前提にするか、流し打ちを前提にするかで、相手の刀との接点の取り方は大いに違ってきます。すでに述べたように、「相架け返し打ち」と「相架け流し打ち」とは、それぞれただひとつの、一連の動作だと言えるでしょう。とりあえず相架けてから、返し打ちを出すか、流し打ちを出すか、様子を見て決める、というようなことはあり得ない。あったとしたら、そういう動きは、相架けではなく、ただの受け止めに過ぎないわけです。ただの受け止めは、刀法など知らない子供、素人でも本能的にすることで、そんな動きは、上泉伊勢守の流儀の体系には決して入り込む余地がありません。

むろん、他のあらゆる動作について、それらのすみずみに渡って、この体系性ははっきりと確認できます。「相架け」などは、ほんの一例に過ぎない。かつて私は、この事実に気付いて、改めて驚嘆したものです。こんなふうに書くと、この流儀は、ずいぶんと煩わしい決まりごとに縛られた面倒なお稽古ごとであるように、読者には感じられるかも知れません。けれども、それはまったくの勘違いです。このような動きの制度から生まれてくるのは、まさしくほんとうの自由であり、繰り返し更新されていく〈我が身の創造〉と言ってもいい。私は、そう感じています。

七　打留めること

接点を取る

前節で述べた相架け返し打ち、流し打ちの二つは、敵がこちらの頭ないしは側頭に打って来る場合を想定していました。では低く来れば、どうするのか。こちらの肩、腹、腰のあたり、あるいは拳に打ちかかってきた場合は、どうなのでしょう。

打ちかかってくる相手の拳を直接に打つやり方は、すでに述べたとおりです。たとえば、左肩に打ってきた時は、青岸の順勢の太刀筋で敵の左手首を切る。左腹に深く打ってきた時は、十五度の順勢、「和卜《かぼく》」の太刀筋で敵の左拳を切るのが一番手っ取り早いでしょう。あるいは、青岸の中段に構えたこちらの左手を、相手が浅く払い切ってきた時には、刀を軽く横雷刀に上げて、双手切りに相手の両腕へ打ち乗る。一名を「山陰《やまかげ》切り」とも、または「大詰《おおづめ》切り」とも称する勝ち方です。では、これらの場合には「相架け」に相当するような、自分の刀で敵の刀に対して接点を取るような動き方はないのでしょうか。もちろんあります。それらの動き方を、とりあえず「打留《うちど》め（「打止め」とも書く）」と総称しておいてもいいでしょう。

まず、「打留め」の典型的なものから説明してみます。こちらが青岸の中段に構えているとします。相手がその左手を順勢に払い切ってくる。切ってくるその刀の鐔から二、三寸のところを、十五度の順勢の太刀筋で打ち落とす。この時、二つの刀が触れ合う位置が、自分と敵との間で取られる始めの接点ということになります。こちらの刀が相手の刀に触れている部分は、太刀先から三寸のところ、すなわち「物打ち」になる。自分の刀の物打ちで、切りかかってくる相手の刀の鐔元三寸を打ち落とすのです。打ち落とす時の身勢は、「和卜」の場合とまったく同じになる。すなわち、十五度の順勢の太刀筋を、低く自分の帯の下あたりまで切り降ろし、切り降ろしながら身を大きく順勢に変化させ、相手に対してほとんど真横になるところまで開く。この時、両手は自分の腹に接する寸前くらいがよいのです。このような動きを、「順勢の打留め」と言います。

こうして打留めたあとは、前の右足からわずかに踏み込んで相手の左拳を、同じく順勢の十五度の太刀筋で小調子に打ってもいい。あるいは、打たずにそのまま前進して、相手のみぞおちあたりを切っ先で突いてもいい。突く形だけで、相手の反撃を制してもいい。打留めたあとは、打つも突くも一瞬で、打留めてから打ち、突くまでが一挙動に見えるような滑らかさが必要です。

しかし、こういう打ち、突きが出来るためには、始めの打留めがしっかりしたものでなくてはいけません。自分の刀の物打ちが、相手の刀の鐔元から三、四寸のあたりを正確に捉える、ここにこそ重要な術理の働きがあります。ここで相手の刀に対して接点を取る、その取り方は、「打留め」が相手の移動軸を崩すひとつの〈技〉になるかならないかの分かれ目だと言ってもいいでしょう。

すでに述べたように、十五度の順勢の太刀筋は、右の胸から右太腿の内側を通る線に体の移動軸を置いています。刀の振りは、この移動軸の前進と完全に一致していなければ、刀身一如《とうしんいちによ》となった働きを現わすことができません。つまり、その振りは、「太刀筋」と言えるほどのものにはならないわけです。十五度だけ右に傾斜した刀の切っ先は、振り始めから、切り収めの瞬間まで、ずっとこの移動軸の線に一致して縦に動きます。このことは、和卜《かぼく》勝ちで相手の左手を切る場合も、打留めで相手の刀の鐔元三寸を打つ場合もまったく変わりません。こうした太刀筋の働きによって、打留めはそのまま相手の動きを崩す技になり、崩した瞬間に相手を打つ、突く、動きに滑らかに繋がります。

小詰切り

十五度の太刀筋を使った「打留め」には、逆勢の動きもあります。「和卜」の太刀筋に順勢と逆勢とがあったように、十五度の太刀筋による「打留め」にも、順勢と逆勢とが当然ある。たとえば、こちらが青岸の中段に構えている時、相手がこちらの右手首に切りかかってきたとしましょう。こちらは、刀を左側に十五度傾斜させてわずかに持ち上げ、後ろの左足を前に踏み込み、前の右足を後ろに退《ひ》いて、逆勢の十五度の太刀筋で、相手の刀の鐔元三寸を打ちます。この時、自分の刀の切っ先は、自分の左胸から左太腿の内側を通る移動軸の線と一致して、縦に動きます。

　このように逆勢に打留めた小さな振りは、すぐにわずかに踏み込んで、同じ切り筋で相手の右手首を小調子に打つことも、あるいは、そのまま突いてみぞおちを刺すこともできる。打って、さらに突くこともできる。これは順勢の場合と同じです。

　新陰流で「小詰《こづめ》切り」と称されるひとつの勝ち口があり、これは「小詰」という名で太刀《かた》にも制定されています。〈小詰〉という言葉の意味は、簡単に説くと、切りかかってくる相手の刀を一度打ち、さらに踏み込んで相手の手首、拳などを切ることです。つまり、二度打ちをして勝つ。どうして、二度打ちになるのでしょう。それは、相手の切りが、ごく浅くこちらの手を狙ってくるものだからです。

　手に打ってくる相手の拳に、相手と同じ拍子で打ち込めば、必ず相打ちになる。これは真剣での立ち合いの話ですから、どちらがコンマ何秒早かったかなどということは、問題になりません。手と手を同じ拍子で打ち合えば、双方が怪我をします。そこで「小詰切り」ということになる。もちろん、「小詰切り」以外の応じ方もあります。たとえば、こちらの左手に浅く切ってくる相手の打ちに対して、刀を持つ自分の両手をわずかに上げ、その打ちをはずして「越し」、続いて上から十五度の順勢で相手の左手を打つこともできる。これは、「越す拍子」を用いた「和卜《かぼく》勝ち」です。

　「小詰切り」で用いられる拍子は、「付ける拍子」になります。切ってくる相手の刀の鐔元三寸に、物打ちで付け乗るようにして小調子に打ち込む。この時、こちらの切っ先は、ほとんど持ち上がりません。刀は、ただ四十五度の順勢（青岸）から、十五度の順勢に角度を変えて打ち下げられるだけです。そうやって、わずかな体重の沈みだけを使って、相手の刀を打留め、その身勢を崩す。これは、なかなか高度な動きで、まねごとをするのは簡単ですが、ほんとうにできるようになるには、やはりかなりの修練を要します。

「付ける拍子」は、本来は相手が深く打ち込んできた場合に使うもので、たとえば頭に切りかかってくる相手の左手を、付ける拍子の「和卜」で切るのは、その代表例だと言えます。このことは、前にも書きました。けれども、「打留め」を使えば、言い換えれば「小詰切り」を用いるなら、相手の浅い打ちに対して、「付ける拍子」で勝つこともできます。この場合は、二段階の攻めになる。

新陰流に「大詰切り」「小詰切り」という呼称があるのは、この流儀の間積り、拍子を理解する上で大変ありがたいことです。「大詰切り」とは、自分の左拳に切ってくる相手の刀を横雷刀に上げはずし、その構えからの順勢の切りで敵の両腕を切る動きです。この場合は、「越す拍子」の勝ち口になる。これは、すでに述べた〈十通りの太刀筋〉のうちの九番目に当たるものでした。

なぜ、これを「大詰」と呼ぶのかは、すでにお分かりでしょう。「小詰」が相手の刀を鐔元三寸で打ち、続いて相手の手を打つか、みぞおちを突くかする二段階の小調子の攻めであるのに対して、「大詰」は相手の切りを大きく上げはずして、「横雷刀」の構えになり、山の稜線から月の光が射すように、相手の両腕へ深く、大調子に切り付ける。その違いです。いずれの場合も、相手はこちらの左手を浅く、順勢に切り払ってくるのが原則で、その切りに対しての二つの拍子（付ける拍子と越す拍子）の使い分けがあるわけです。

烏飛び

「打留め」という技は、十五度の太刀筋を使うのみでしょうか。この太刀筋が、相手の切りを打留めるのに大変有効であることは、間違いありません。何より、小調子の動きで相手の身勢を崩し、そのまま次の攻めに繋ぐことができる。けれども、四十五度の太刀筋を用いた「打留め」がないわけではありません。

たとえば、青岸の順勢に構えるこちらの左手を、相手が順勢に浅く切り払ってきたとします。この切りに対して、「小詰切り」を使う場合は、自分の刀の物打ちで相手の刀の鐔元三寸ほどのところを、十五度の太刀筋で打留めます。このような打留めは、相手の動作の起《お》こり頭《がしら》を抑えるような心持ちが大切です。敵の刀の切っ先を無視し、その切りの根幹を小調子に断つような心持ちです。しかし、このような抑えが、一瞬遅れたとしましょう。敵の切っ先三寸は、すでに自分の左拳に当たる寸前まで来ている。その切っ先を打留める技があります。

この場合は、自分の刀の鐔元三寸のあたりで敵の刀の物打ちから切っ先を、ひょいとそこに乗るような気持ちで、少し身を垂直に沈めながら抑えます。この時の刀の角度は、青岸の四十五度のままです。大事なことは、構えていた時に置かれていた手の位置に刀の鐔元三寸が降りてくることで、身を垂直に沈める距離は、こうした手の位置の変化に応じます。体の沈みによって、敵の切りはこちらの手をはずれ、同時にこちらの体重が、鐔元三寸を通して相手の刀の物打ちあたりにかかるわけです。この接触によって、相手の身勢は一瞬崩れる。こちらは、そこをはずさず、今度は刀の切っ先三寸で相手の左拳をごく小調子に、四十五度の切り筋で打つ。鐔元三寸で受け、切っ先三寸で打ち返すわけです。あるいは、鐔元三寸で受け、続いて切っ先でみぞおちを突いてもいいでしょう。いずれの場合にも、ひょいと打留めて後、またひょいと前に出る心持ちです。

このように鐔元三寸で打留めて、すぐに切っ先三寸で打ち返す動きを、新陰流では「烏飛《からすと》び」と呼んでいます。烏が、細い枝の上を、ひょいひょいと軽く跳び移るように動くからです。確かに、こちらの鐔元三寸が、相手の切っ先三寸に乗る拍子は、いかにも小さく、ふわりと軽いのですが、実はその抑えには、こちらのほとんど全体重がかかっている。そうでなければ、相手の身勢は崩れません。ふわりと乗って、しかも底知れず重い、そういう打留めを使うのが、「烏飛び」です。

もちろん、この動きは大変むずかしい。身の置き方についての一種の極意を含んでいると言っていいでしょう。ところで、「烏飛び」に逆勢の太刀筋はあるでしょうか。流儀の太刀《かた》としては、どこにもありません。「烏飛び」は青岸の順勢の構えから、そのまま低く打留め、ひょいと前に出て打つ動き、これに尽きます。けれども、逆勢の烏飛びが不可能かと言えば、あながちそうでもない。

たとえば、こちらが青岸の順勢に構えているその右手首に相手が逆勢に切り込んできたとしましょう。こちらは、そのまま少し沈んで、両腕を順勢から逆勢に返し、猿廻の太刀筋を低く打ち収めたような形となって、自分の鐔元三寸で、相手の切っ先三寸を打留める。このあとは、前の右足から少し踏み込んで、逆勢のまま相手の右拳を打ってもいい。切っ先でみぞおちを突いてもいい。こうなれば、まさに逆勢の烏飛びです。

けれども、この逆勢の烏飛びは、無理ではないけれど、あまり上等な攻防でもないと、私は思っています。両腕が手前のほうに縮んだ、少しいびつな動きになる。繰り返し稽古するほど、私はそう感じるようになりました。新陰流らしい、晴れやかで、堂々としたところがない。だから、太刀《かた》のなかには取り入れられなかったのでしょう。

八　敵と接点を取ること

合し込んで勝つ

「相架け」にせよ「打留め」にせよ、大事なことは、これらの動きを防御とは決して考えないことです。相手の打ちをただ受け止めている時の姿勢ほど、切られやすく、連打されやすくなっている状態はありません。現代の剣道では、ルールで決められた部位以外は、どんなに打たれても突かれても負けにはなりません。だから、平気で体を捻ったり、のけぞったり、首を曲げたりしながら、隙だらけの恰好で相手の打ちを受け止めている。

けれども、刀物を持った実際の切り合いがそういうものでないことは、誰にもわかる。惰性化した型稽古が、ものの役に立たないように、前提としての約束事に従った好き勝手な叩き合いもまた、実際の切り合いには役に立ちません。幕末の動乱で切り合った武士たちは、いやでもそれを痛感したでしょう。

では、どういう稽古が実際に役立つのか。偶然に左右されない不敗の段階を、剣において生み出すのか。これは、一般に想像されているよりはるかにむずかしい問題で、剣法の〈流儀〉とは、この問題に対する回答の仕方にほかなりません。すでに、いろいろに述べてきたように、新陰流では、己《おのれ》の身に移動軸を正確に立て、敵との間に何らかの接点を取って相手の身勢を崩す、この術理に回答の根本があると言えるでしょう。

ところで、新陰流の型の演武を見たという一般の人から、なぜあんなに手ばかりを打つのか、という質問をよく受けることがあります。新陰流は、小手先のチョコマカ剣法なんじゃないかと言う人さえいる。この質問にどう答えるかは、答える人が体得している術理の水準を如実に示すだろうと、私は思っています。答える言葉はどのようであってもいい、答える人が体得したものの高さ、低さを、その答え方は必ず示しているはずです。

相手の手は、頭や胴体より近いところにあるから切りやすいとか、刃の損傷を最小限にできるとか、こちらの体力の消耗を防げるとか、そのような答えは論外でしょう。素人の思いつきに過ぎません。私が、現代の剣道から新陰流の稽古に移った時、まず強く説得されたように感じたのは、相手の手を打てば、相打ちを防いで勝つことができる、という当たり前の事実です。剣道を習っている時、何と私はこの事実にまったく気がつかなかった。しかし、敵の動きを切り塞《ふさ》ぎながら勝つことが、刀を持った実際のやりとりで、どんなに有り難いことかを考えてみてください。

しかし、それだけにはとどまっていない。古い実践的な剣の流儀で（古いとは、戦国期のことを指しますが）、相手の手を切ることを、最大原則にしていないものはなかったでしょう。そうでないとすれば、後世がそのことを忘れたのです。ですから、単に相手の手を打つことは、新陰流の特徴ではない。古い流儀に共通のものです。では、何が特徴なのでしょう。手を接点として、敵の移動軸を崩す、この術理に特徴があります。崩して後、切っ先を敵の喉元あたりに付け、勝ち詰める。切りの自然な帰結として、そうなる。これが、この流儀の根本原則です。上泉伊勢守が、愛洲移香斎の陰流から抽き出した術理の本体だと言えます。

前に述べたように、上泉伊勢守が愛洲陰流のなかに発見した最大の教えは、四十五度の太刀筋によって敵の身勢を切り崩す方法です。これは、新陰流の中心技法になった。たとえば、相手が自分の左の肩先に切ってくる時、こちらは四十五度の順勢の太刀筋で敵の左手首を切る。「当たる拍子」で、敵の手、拳に接点を取って、相手の身勢を崩す。こうした勝ち方を、新陰流では「合《がっ》し込んで勝つ」と言ったりしますが、この勝ち方こそが、新陰流の体系の中心にあるものです。その他の太刀筋、拍子は、「合し込んで勝つ」技法から派生すると言ってもいいほどです。

「燕飛」の稽古

ということは、敵の手、拳を切ることそれ自体は、本質的なことではないということでもあります。大事なのは、敵との間にどのようにして最初の接点を取るかです。手、拳を切って接点を取る場合には、自分の刀の切っ先三寸と相手の手、拳とが接点を成している。たしかに、これは理想的な形だと言える。が、たとえば、相手がこちらの左の肩先に切りかかってくる寸前、手を打たれることを直感して、その手を手前に少し引いたとしましょう。とっさに引いて、こちらの打ちを受け止めようとするわけです。この場合には、こちらが打とうとする位置から相手の左拳はなくなっています。あるのは、相手の刀の中ほどか、物打ちに近いあたりでしょう。

こちらは、どうすればいいか。少しも迷うことはない。相手の刀の中ほど（「太刀中《たちなか》」と呼びます）に、こちらはそのままの身勢、太刀筋、拍子で打ち込めばいいのです。この時、自分と敵との最初の接点は、刀と刀との間に生まれる。それを通して、相手の身勢はやはり崩れる。そして、切り下げたこちらの太刀先は、その太刀筋のまま相手の喉元に切り収まって、順勢に勝ち詰める形となる。これで勝負はついているのです。

敵の拳を打つことと太刀中《たちなか》を打つこととの間には、術理として何の違いもありません。打ちにいって、あわてて手をひいてしまうことは、敵側の都合だと言っていい。こちらは、当初の予定通りに順勢に打ち込めばいい。その時、相手が引いた刀の中ほどに上から順勢に打ち乗る形で、敵の身勢を切り崩す。崩して喉に勝ち詰める。これは相手の手に「合し込んで勝つ」よりも、術理としてはやや低級な勝ち方ですが、相手の動きがやや低級になったのだから仕方がない。こちらは、あくまで高級でいけばいいのです。いけないのは、相手があわてて引いた手を追いかけて、身勢も太刀筋も歪め、失い、ただその手を追い打ちにしようとすることです。かくして勝負は、素人の水準に落ちる。際限ない暗愚の打ち合いとなる。

新陰流に「燕飛《えんぴ》六箇《ろっこ》之太刀《のかた》」という六本で成る組太刀《くみだち》があることは、前に述べました。これは、陰流の表太刀《おもてだち》六本の型「猿飛《えんぴ》」を伊勢守が受け継ぎ、新陰流の太刀《かた》として改訂したものですが、この太刀を稽古する時だけは、新陰流でも袋竹刀を用いず、やや細い薄手の木刀を使います。「燕飛」では、四十五度の太刀筋で「合し込んで勝つ」勝ち口が中心になり（次いでよく用いられるのは横雷刀《よこらいとう》からの順勢、逆勢の打ちです）、薄手の木刀を使ったこの太刀の稽古《かた》は、敵との接点を取る時の微妙な刃筋の働きを実によく教えてくれます。けれども、木刀を用いるのだから、直接に相手の手を打つということはしない。どうするのか。

敵（打太刀）は、こちら（使太刀）の体には当たらない、その手前一尺ほどのところを空打《くうだ》するのです。だから、こちらは、敵の手を直接に打つことができません。自分の移動軸の線で、太刀筋を通して捉えることのできる接点は、敵の木刀の中程になります。これでよい。四十五度の太刀筋で「合し込んで勝つ」勝ち口は、充分に成立させられる。敵の木刀は、こちらの木刀に打ち乗られ、踏み込んでくる敵の身勢は、その瞬間に崩され、こちらの切っ先は、切り収まって敵の喉を正確に指向している。

つまり、「燕飛」でのこのような勝ち方は、先ほど述べた、敵が打つ手を思わず引いた時の勝ち方とほぼ同じものです。違うのは、彼我の距離だけです。木刀で木刀を打って勝ち詰める「燕飛」の稽古は、学ぶ人にかえってよく太刀筋の妙を、敵と接点を取る瞬間の大切さを会得させるかもしれません。ただし、これを精確に、真剣に反復し続ける場合においてだけです。未熟な者同士がこれを惰性的に行なっても、ただ木刀と木刀とがカンコンと音を立てるばかりで、そこには勝ちもなければ負けもない、というありさまになります。太刀筋、間積り、拍子への厳しい探求心を欠いた「燕飛」の稽古は、だらけた木刀踊りになりかねません。

敵の手を取る

みずからの移動軸の線上で敵と接点を取って、その身勢を崩す、という術理は、自分の刀と相手の手、自分の刀と相手の刀、の場合だけには限りません。たとえば、自分の手を以て相手の手へ直接接点を取りにいく場合が、新陰流には頻繁にある。これを、この流儀では「敵の手を取る」と言ったりします。

たとえば、こちらが青岸の中段に構えているとしましょう。相手がこちらの左側頭に打ち込んでくるのを、こちらは刀を持つ両手を左耳の横まで引き上げ、相手の打ちを自分の切っ先三寸で順勢に「相架け」、右偏身《みぎひとえみ》の移動軸で相手の身勢を一瞬崩す。この時、こちらが左偏身に転じて、左足を踏み込み、右足を引いて相手の右手首へ逆勢に打ち返せば、「相架け返し打ち」となる。しかし、返し打ちは出さずに、こちらの右手を柄から放って、掌の下の部分（掌底《しょうてい》）で相手の手（左拳の下、あるいは敵の刀の柄頭）を捉えるやり方がある。捉えてすぐ、ほとんど同時に、左手に執った刀で相手の脇腹を刺す。

この場合、自分の掌と、相手の左手あるいは柄頭との接点は、相架けによって最初に作った接点の真下、右移動軸の線のなかにあるのでなくてはなりません。手と手とが触れ合うこの接点を通して、第二の崩しが可能になります。この崩しと同時に敵の脇腹を刺す。血なまぐさい話ですが、こういう場合は、一瞬で二刺しして引き抜くのが定法です。刺さずに、切っ先を敵の脇腹に付けるだけで、敵が負けを悟って納得するなら、もちろん刺す必要はない。大変よい決着です。

相架けが、逆勢になる場合を見てみましょう。こちらが、青岸の中段に構えている時、敵が右側頭に打ち込んでくるとします。こちらは、前腕を交叉させて両手を右耳の高さに上げる。刀を右から左に四十五度傾斜させて、刀の物打ちで相手の打ちを逆勢に相架ける。この時、後ろの左足を前に踏み込み、前の右足を後ろに引いて、右偏身から左偏身に身を転じます。そのように相架けた瞬間、今度は左手を柄から放って、掌の下で相手の左手あるいは柄頭を捉えます。捉えると同時に、右手に持った刀の切っ先で敵の脇腹を刺す。

相架けて、手を取って、突く、というこの一連の動き、ほとんど一挙動で為される動きは、新陰流では昔から盛んに行なわれたものでしょう。型としても、口伝としても、この捌き方はよく伝わっています。ここには、戦国の遺風が感じられる。鐔《つば》競《ぜ》りあいだとか、刀同士の押し合いだとか、そういったことは戦場ではあり得ないのです。

この動きのなかで、いちばん大切なことは、こちらが相手の手を取るその位置です。手と手とのその接点が、必ずこちらの移動軸の前方、その縦の線のなかに正確に在ることです。その接点が、こちらの移動軸と一致、対応している時は、接点を通してかかるこちらの体重の移動もまた正確に相手の移動軸にかかります。互いの身勢の関係が、始めからそういうものになっている。そこで、自然な崩しが成り立つ。

敵の手を取る技の稽古で、その接点を移動軸の線と一致させる教えは、新陰流を稽古する者においても、しばしば見失われることがあります。見失えば、この技にある根本の術理が消滅してしまう。この型を演じる動きは、時代劇の殺陣と同じ水準になってしまう。流儀の伝承とは、まことに微妙なもので、ほんのちょっとした粗雑さ、妥協、不注意が、いっさいを失わせてしまうことがある。剣に限らず、深い技芸は、疑いなくみなそういうものなのでしょう。

小説などで人口に膾炙した新陰流の「無刀取り」は、自分の手を用い、相手の体と接点を取って、崩す、この動きの一系列にほかなりません。相手とこのような接点を取ることとは、刀なしでも、手さえあればできる。取って崩すと同時に、拳や手刀《しゅとう》で当て身を入れるか、柔術にあるような投げ技を使うか、応じ方はさまざまです。しかし、無刀取りの動きについては、これ以上は述べないことにしておきます。その術理は、極めて微妙であり、私自身も充分に会得しているなどとは、とうてい言い難いからです。

九　小太刀を使うこと――その一

小太刀の稽古はなぜ大切か

一般に剣術、剣道の型で「小太刀」と呼ばれているものは、日本刀の正式の分類、言い換えると博物館や刀屋の呼び方では「脇差《わきざし》」のことです。脇差とは、刃の長さが一尺以上あり、二尺には満たないもののことを言います。一尺に満たないものは「短刀」と呼ぶ。小太刀を使う型は、たいていどの剣術流派にもありますが、短刀の勝ち方を示す型というのは、あまり見かけたことはない。

新陰流は、小太刀の稽古を大変重視する剣法です。前に述べた「小転《こまろばし》」の太刀《かた》三本を、上泉伊勢守が極意として制定していたことだけでも、それはわかります。津本陽の長編剣豪小説『柳生兵庫助』は、開巻してすぐのエピソードで、青年柳生宗矩が無頼浪人を小転の一太刀で倒すところが、なかなか正確に描写されていて、私は大そう喜んだものです。この小説では、物語の節目になる立ち合いの場面で、小太刀が使われることが多く、これは尾張柳生家で厳格に口承され続けた史伝（柳生厳長氏の『正伝・新陰流』に詳しい）に依っています。だから、私などが読むと非常にうれしくなる。

新陰流では、なぜ小太刀の稽古が重んじられたのでしょうか。その理由は、さまざまに説くことができますが、まず、刀をもって敵に対する時の心の持ち方、身の置き方、こういうものを小太刀の稽古はよく教えてくれる、そこが第一だと、私は思っています。小太刀を執って戦う時に大事なことは、敵の切りに対してがらりと身を開いていることでしょう。平然と切らせて勝つ、という心持ちが、何よりも大事なのです。

このような心持ちで立ち合う時、小太刀による間積《まづも》りは、およそ三種類あると言っていいでしょう。ひとつは、敵が切りかかる刀を身の外にはずし、同時に敵の手を、真横になった完全な偏《ひとえ》身《み》で片手切りにする間積りです。この勝ち方では、互いの距離が最も遠い。もうひとつは、すでに述べた小転の十文字勝ちです。これは、敵の切りを身の外にはずすやり方とは反対に、敵の間積りを越えてその内側に踏み込む勝ち方になる。もうひとつの間積りは、それよりさらに深くに入る。深く入って、小太刀で敵の打ちを相架け、同時に左手で敵の手を抑えて、その身勢を崩し、脇腹を二刺しするものです。

小太刀の構え方は、どんな具合になるでしょう。これには、およそ五つあると言えます。まず、自分の体の中心線（人中路）に沿ってだらりと下げる構え方。新陰流で「無形の位」と称するものです。次に、右手に持った小太刀を、体の右脇に垂らし、切っ先をやや内側に向け、両脚を少し左右に開いて、腰を低くし、ほんのわずか右偏身になって、背を丸めるような気持ちで進んでいく、そういう構え方がある。これは「無刀取り」にそのまま使える身勢です。次に、体を右に四十五度開いた左偏身になり、小太刀の切っ先を左足の前の線に置いて進んでいく構え方がある。次に、体を左に四十五度開いた右偏身になり、小太刀の切っ先を右足の前の線に置いて進んでいく構え方がある。最後は「雷刀《らいとう》」で、右片手に取った小太刀を頭上に真っ直ぐ構えます。

当然のことですが、これら五つの構えからは、小太刀を取って用いる新陰流のどんな技法にも即応することができます。では、なぜ五つあるのでしょう。これらの構えは、敵の攻撃を自分のどこに誘い込もうとするかによって分かれてくると言えます。「無形の位」に身を置く場合には、全身いたるところへの切り付けに対して、身を開いていることになる。両脚を少し開いて背をわずかに丸くしている時には、頭へまっすぐ打ち込ませることが念頭にある。左偏身なら左肩への順勢の切りが、右偏身なら右肩への逆勢の切りが、原則として引き出しやすい。小太刀で雷刀に構えるのは、「無形の位」に身を置く時と、実は心持ちとして同じです。

引き切って間を放つ

では、最も遠い間積りで敵を捌く場合の、基本的な小太刀の勝ち口から説明してみましょう。たとえば、こちらが小太刀を「無形の位」にだらりと下げたままで進んでいく時、相手が順勢の太刀筋でこちらの左肩に切ってくるとします。こちらは、下段に提げ持つ小太刀を軽く頭上に上げ、そこから右偏身に転じて四十五度の順勢の太刀筋で、相手の左手首を打つ。まったく単純な勝ち口です。この場合、大切なことは、太刀筋は四十五度であっても、身勢は完全な右偏身、相手に対してほとんど真横に向く形になっていることです。こうすることで、相手に対して最大の距離を取る。敵の攻撃を、言わば間《ま》の外《そと》に置いて手首を切るわけです。

柳生石舟斎宗厳《むねとし》が師、上泉伊勢守から受けた習訓《おしえ》を書き取り、箇条書きの伝書としたものに『新陰流兵法截相《きりあいく》口伝書《でんしょ》』があることは、すでに述べました。この口伝書の一条に「小太刀一尺五寸迦事《はずしのこと》」という条項がある。この一条についての解釈は、後世何通りかありますが、第一の解釈としてまず間違いないと思われるのは、「一尺五寸」とは自分の肩幅を意味するということです。小太刀の袋竹刀は、新陰流では刃長一尺三寸を定寸としている。柄の長さは三寸余り。これに対して、敵の袋竹刀は刃長二尺五寸、柄七寸となっている。一尺三寸と二尺五寸とのこの刃長の違いを、完全な偏身となった肩の長さ一尺五寸によって帳消しにする。こちらの肩や頭に打ってくる相手の左手首を、いっぱいに伸ばした右手で、完全な右偏身になって切る。この時、敵の打ち込みは、必ずこちらの身の外に打ち廃《すた》るようになります。

こちらが逆勢で打つ例を、ひとつ上げてみましょう。こちらは、小太刀を右手に執り、同じく無形の位でスルスルと前に進んでいきます。この時、相手がこちらの右肩あたりを、二つの前腕が交叉する逆勢の太刀筋で、打ち込んできたとしましょう。これに対して、こちらは小太刀をふわりと頭上に上げ、次に身を完全な右偏身に一気に転じて、相手の右拳を逆勢に、四十五度の太刀筋で片手打ちに打つ。打つ時には、小太刀を頭上で右から左に四十五度傾斜させ、そのまま

「猿廻《えんかい》」の打ちを右片手で出すのです。この場合も、一尺五寸の迦《はず》しは、何よりも大切です。相手の切りをどこまでも遠くに置き、その位置で自分の右片手打ちを成り立たせる。

順勢でも逆勢でも、片手で切り収めた後は、後ろの左足から先に少し後方に退き、相手との接触をすぐに解くのがいいでしょう。引き切って、間《ま》を放つ、という心持ちです。小太刀の片手打ちによって、両手太刀の相手を完全に切り崩し、圧倒する、ということは不可能で、このようにさっさと間を放つ心得が必要でしょう。ちなみに、このような〈一尺五寸の迦し〉を利用する片手切りは、右足前の順勢の切りと、同じく右足前の逆勢の切り（片手による猿廻打ち）の二通りしかあり得ません。左足前の順勢の切りや、左足前の逆勢の切り（斬釘《ざんてい》の太刀筋）では、〈一尺五寸の迦し〉が使えないことは、おわかりでしょう。

小太刀で相架ける

小太刀による十文字勝ちについては、すでに詳しく説明しましたので、今度は、小太刀によって相架ける勝ち方を、典型例によって説明しておきます。

たとえば、こちらが左足前の左偏身で、体を四十五度左に開いて立つ。右手に持った小太刀の切っ先を自分の左移動軸の前に置き、それを左膝の内側あたりまで下げる。歩幅は広くし、身を少し沈み加減に低くする。小太刀による左偏身、下段の構えです。その姿勢のまま、相手にこちらの左肩先を与えるような心持ちで、スルスルと前に進む。その左肩先に、敵が順勢の太刀筋で切り込んでくる。こちらは、下段に収まった小太刀をその形のまま上げ、相手の刀の鐔元三寸のあたりに小太刀の切っ先三寸をぶつけるように打ち当てる。もちろん、刃で当てるのです。この時、小太刀を執る右手は左移動軸の前、自分の額から顎の下あたりの高さにあり、切っ先は下を向いている。

小太刀でのこの相架けでは、刃と刃の間で取られる最初の接点は、自分の移動軸の前にはありません。それよりも少し左側に、わずか外側にある。移動軸の前にあるのは、執刀手です。ですから、この相架けは、これだけで相手の身勢を崩そうとするものではない。崩すのは、この相架けと同時に自分の左手で相手の左手（あるいは柄中）を取って抑える動きです。この瞬間に、二つの左手同士で取られる接点は、自分の左移動軸の前にあり、それがそのまま相手の右移動軸の前にもある。

要するに、いったん小太刀を相手の鐔元三寸にぶつけておいて、敵の注意が一瞬そちらに向く瞬間に、相手の左手を自分の左手で取ってしまうのです。取りながらやや前方に体重を移動させ、相手の執刀手を推し落として、身勢を完全に崩し、同時に自分の右脇に引いた小太刀で敵の脇腹を二刺しする。

文章に書くと長々しいですが、実際の動きは、相架けて、取って、突く、三つの動作がほとんど同時に、一瞬で行なわれます。難しくても、それくらいの連続がなければ、この勝ち口は成り立ちません。では、相手が自分の右側、右肩や右腹のあたりに、逆勢の太刀筋で打ってきた場合はどう相架けるのでしょう。

たとえば、自分の身勢を右足前の右偏身にし、右片手の下段に構えた小太刀の切っ先を自分の右移動軸の前、右膝の内側の線あたりと一致するように置く。この構えから、自分の右側に切ってくる相手の刀を、小太刀を真上に上げながら、その物打ちを相手の鍔元三寸に打ち当てる。この場合は、小太刀を持つ手は、体の右体側、切っ先は上を向いています。手が下、切っ先が上になるのです。

この時、二つの刃の接点は、自分の右移動軸よりも少し右寄り、体のわずか外側にある。刃を打ち当てた瞬間、左足をまっすぐ踏み込みながら、自分の左手で相手の右拳に接点を取り、両執刀手を推し落として敵の身勢を完全に崩し、右脇に引いた小太刀で敵の脇腹を二刺しします。相架けて取って突く、この呼吸は、先ほどの例と同じです。

小太刀で相架けを用いる勝ち口では、その間積りは小転《こまろばし》の場合よりも、さらに深くなる。そうする心持ちが大事なのです。相手にとって都合のいい間合で相架けていたのでは、たちまち連打をくらうか、相架けにいくその執刀手を打たれます。〈一尺五寸の迦し〉を利用して敵の手を切る場合は、こちらは相手が打ちたい間合のわずか外にいます。小太刀による十文字勝ちでは、こちらは相手の間積りを越えて、その切りの内側にズイと踏み込んで打つ。

相架ける場合の間積りはどうでしょう。この場合は、小太刀はほとんどないものと考えたほうがよい。自分の移動軸の前方で、相手の執刀手を取って崩す、これが眼目です。これを行なうためには、自分の身は出来る限り相手の身に寄り添っていくのがいい。相手からその居場所を奪うほど、接近してしまうのがいい。

　では、相架けは、何のために行なうのでしょう。もし望むなら、相架けの動作は省いても差し支えない。敵の執刀手を精確に捉えてさえいれば、こちらが切られることはないからです。けれども、ここで小太刀を敵の刀の鐔元三寸にチャンと当てる動作は、敵の執刀手を捉えにいくこちらの左手の動きを、かなり見えにくくするでしょう。いつ、どうやって手を取られたのかがわからなくなる。つまり、敵は一瞬注意を逸らされ、こちらの手に対して眼隠しをかけられたようになる。そこに、相架ける動作の真の狙いがあると、私は思います。

十　小太刀を使うこと――その二

相架けて、取って、突く

小太刀の使い方について、もう少しお話ししておきましょう。

新陰流では、小太刀の稽古をとても重視するのですが、なかでも、相架けて、取って、突く、という一連の動作の鍛錬は、重視されます。この動きは、「無刀取り」と太刀技とを繋ぐ位置にあるもので、これの稽古は、非常にいろいろなことを会得させてくれるからです。前節では、相手が、こちらの左右の肩、もしくは体側《たいそく》に打ってくる場合、小太刀でどう相架けるかを説明しました。この節では、相手が真っ直ぐ頭へ打ち込んできた場合に、どう相架けて、敵の手をどう取るか、簡単に述べてみましょう。この動きは、まさに「無刀取り」の基本稽古になります。

まず、こちらの構えですが、右手に執った小太刀をだらりと体の右横に下げているとしましょうか。下げられた執刀手は体の少し外側にあり、切っ先は軽く内側、自分の右足の前あたりに向いています。この形で相手に向かってスルスルと進むのですが、その時の歩き方は、両脚をやや左右に踏み開き、背中を少し丸くして力を抜き、頭を心持ち前に、相手に差し出すようにします。

体の向きは、ほんのわずかな右偏身で、両足を左右に踏み開いたまま進みます。相手が、おのずとこちらの真上から頭を打ちたくなるような姿勢で進んでいくわけです。腰を釣り、下腹を下げる、という身勢の根幹は、この時もまったく変わりません。

両脚を左右に少し踏み開く歩き方は、普通の立ち合いではあまり用いるものではない。普通は、両足の内側が一線上を踏むようにし、上半身を真っ直ぐに立てて歩きます。両脚をやや開いて、背中を少し丸くして歩くのは、相手が打ち込んでくる刀に対して、下から相架けて当たる動作を想定しているのです。

そこで相手が、真っ直ぐこちらの頭に打ち込んできたとしましょう。右片手に執った小太刀を、そのまま前方、頭上に上げ、右足から踏み込んで、相手の刀の鐔元三寸あたりを小太刀の物打ちで相架けます。相架ける瞬間には、ほんのわずか右偏身になっていて、相架けの接点は、その身勢の移動軸（人中路《じんちゅうろ》よりわずか右側）の線に一致しています。続いて、左足を踏み込み、左偏身に変化しながら、刀を執る敵の左拳、柄頭を、下からすくい上げるようにして左掌《てのひら》で取ります。この時の掌は、小指側が相手の方に、親指側が自分の方に向くようにする。その手の高さは、相手によっても異なりますが、自分の額の前くらいが標準でしょう。

こんな具合に相手の手を取ったら、小太刀を右体側《みぎたいそく》、腰のあたりに引き取って、敵の脇腹をすばやく二刺しします。相架けて、取って、突く、三段階の動作が、まったくの一挙動で行なわれなくてはなりません。相架ける瞬間に、わずかに右偏身になっている身勢は、左掌で敵の手を取る瞬間には、左足が前の、わずかな左偏身に変化しています。考えなくても、自然にそうなると言っていいでしょう。

この場合の相架けは、あくまで前方、上に小太刀を打ち当てていくもので、これが敵との最初の接点になる。したがって、敵はこの瞬間にわずかにその身勢を崩すことになる。そこをすかさず、左掌で第二の接点を敵の柄頭に取りに行くわけです。この時、掌の小指側が相手に向いていることは大事で、これによってこちらの左肘もまた、相手のみぞおちから顎の線に向きます。相手が、強引に両手を引き降ろして切ってくれば、さらにわずかに深くはいって、相手の拳を左掌で肩の上に受けるようにして、左肘で相手の胸から顎へ当て身を入れることができます。

反対に、相手が取られた執刀手を大きく上に上げて、刀を振りかぶったとしましょう。こちらの左掌は、相手の左拳、柄頭にくっついたままで、さらに踏み込めばいい。左足で、相手の両足の間に深く踏み込むのです。自分の左上腕は、相手の人中路にぴたりとくっついていきます。相手は、立っているのがやっと、という体勢になるか、あるいは後ろに倒れてしまうでしょう。その間に、小太刀で相手の左脇腹を二刺しする。

けれども、ここまでするまでもなく、自分の左掌が相手の執刀手と最初の接点を取った瞬間に、敵の身勢を崩し、突く動作は成り立つのが普通です。小太刀による相架けは、そのように修練しなければならない。

剣の動きから柔の動きへ

このような動きを、小太刀なしで、つまり無刀で行なえば、そのまま「無刀取り」になる。その場合は、小太刀で二刺しするところを、拳で当て身を入れる。あるいは相手の両肘の関節を逆に取って敵を投げる。この投げ方は、詳しくは書きませんが、柔《やわら》の基本的な投げ技と同じです。

実際、剣の動きは、柔の動きと完全に連続しています。二つは、本来まったく同じ原理で成り立っていると言っていいでしょう。身勢による身勢の崩し、という根本原則に変わりはないのです。だから、刀を執っての技に、かなりの程度習熟すれば、その人は自分の剣技を、そのまま素手でも使えるはずです。少なくとも、どう使ったらいいか、わかるようになっているはずです。流儀の組太刀《くみだち》もなく、防具を着けて竹刀で好き勝手に打ち合うだけの江戸後期からの剣術では、このようなことは皆目わからなくなる。剣術と柔術とは、まるきり別の世界になる。こうした事態は、たぶん柔術の衰退をも招いただろうと、私は想像します。

すでに述べたように、小太刀による相架けの稽古は、刀の技と無手《むて》の技との、術理における完全な連続を大変よく教えてくれる。また、それだけにはとどまらない。「小転」の鍛錬は、新陰流の極意中の極意である「十文字勝ち」の真の間積りを、実によく教えてくれる。さらに、両の肩幅を利用した「一尺五寸の迦《はず》し」は、相手を間《ま》の外《そと》に置いて切る「片手打ち」の術理を、よく教えてくれる。これら三通りの術理を用いた小太刀の技は、相手方の攻撃に応じて、たくさんあります。それらを詳しく書き記せば、おそらく一巻の書物になるほどでしょう。

小太刀の動きは、尾張柳生家では、代々かなり熱心に研究され、稽古工夫がなされていたようです。とりわけ兵庫助厳利《ひょうごのすけとしとし》、連也厳包《れんやとしかね》の親子が、小太刀を好んだ風がみられます。連也が愛用した秦光代《はたみつしろ》の脇差は、「鬼の包丁」という異名を持っていて、直接に見たことはありませんが、たぶん重ね、身幅ともに充分の豪刀なのでしょう。鞘は、揃いの大刀鞘《だいとうざや》よりも太く、どっしりとしている。けれども、刃長は一尺三寸五分ほどで、脇差としては短い方です。拵《こしらえ》の柄の長さは、四寸九分ほどあり、これも比較的短い。鞘の長さは一尺八寸です。これらの寸法は、後世、柳生《やぎゅう》拵《こしらえ》と呼ばれるものの標準になっていますが、もちろん、新陰流小太刀の使い方が、根本にある。

まず、柄の長さの四寸九分ですが、これは柄の上端にある縁《ふち》金具には触れず、右手で握り込んでぴたりと掌に収まる長さです。柄頭が拳の外にわずかに覗く。掌の外に柄頭が大きくはみ出るような長さは、相架けて、取って、突く、という動作の際に大変邪魔なものです。また、この動きには、突く代わりに、抑えた敵の腕の両内側を、脇差で順逆に（左右に）捌いて切る、という変化形もあります。こういう場合には、柄の長すぎる脇差はどうにもならない。刃の長さが、一尺三寸五分以上あるのもやはり不自由です。突くにも、左右に切り捌くにも勝手が悪い。そこで、この長さになっている。

また、四寸九分の柄は、脇差を指したままで、大刀を使うのにも都合がいい。これ以上柄が長いと、大刀を使う両腕の邪魔になってしまうでしょう。少なくとも、新陰流の遣い手にとってはそうです。一般に、江戸後期に製作された大小拵の脇差の柄の長さは、私から見ると長すぎるのが多い。時代劇用の脇差の柄なんかには、笑うほど長いのがある。あんなのを指して、よく殺陣ができるものだと感心します。

家光の兵法上覧

新陰流には、小太刀の刃長は一尺五寸をもって最大限とせよ、という教えがあります。それ以上あるものは、脇差ではなく刀と心得えよと。刀と心得よ、とは両手で扱うのがよい、という意味です。そうなると、柄の長さも、縁金具《ふち》、柄頭を含めて六寸五分ほどにするほうがいい。これは室内で、腰刀《こしがたな》として一刀だけ帯びるにはいいかもしれません。

余談に及びますが、新陰流で使う小太刀の刃長に関しては、面白い史話が残されています。慶安四年の二月から四月にかけ、将軍徳川家光は病身を慰めるため、江戸、尾張の両柳生家から新陰流の遣い手を集め、「兵法上覧」を行なった。このことは、『徳川実紀』に明記されているところです。家光は、まことに兵法好きの将軍でした。

江戸柳生家を代表しては、柳生宗矩の五男、又十郎宗冬ほか十六名の門人が選ばれた。四月になって、将軍の命《めい》で尾張から駆け付けた柳生茂左衛門利方《としかた》とその弟、兵助厳知（後の連也厳包）の二人は、小太刀の技をずいぶん多く上覧に供しています。小太刀は、新陰流を修めている家光の好みで、上覧に際して特別の所望があったということです。古来の型から、試合に近い形式のものまで、実に多種多様な演武が披露された。この内容は、連也が自筆で覚え書きにし、文書は尾張柳生家に伝わっている。四月五日、六日、まる二日にわたってのことでした。

さて、両人による小太刀技の披露すべてが終わった日の夕刻、将軍家光からの特別の命《めい》により、尾張の柳生連也と江戸の柳生宗冬は、余人を払って二人のみ、将軍の御前で木太刀による試合を行ないました。余人を払ったのだから、『徳川実紀』には記されていない。試合の実相は、この時、連也によって使用された小太刀の木刀と共に、尾張柳生家の口伝として伝わっている。前にも触れた柳生厳長氏の『正伝・新陰流』は、その内容を詳細に書き遺しています。

連也と宗冬との木刀試合は、おそらく突然の命ではなく、あらかじめ伝えられていたものだったのでしょう。連也は小太刀、宗冬は全長三尺三寸の定寸の太刀です。ところで、連也は、この試合だけのために新しい枇杷《びわ》の小太刀を用意している。その刃長は一尺五寸（全長二尺）、通常稽古する時のものより全長が二寸五分ほど長い。連也が熟考の末に、この長さとしたに違いありません。

一尺五寸という刃長は、相架けて、取って、突く、というあの勝ち口よりも、十文字勝ちに適しています。完全な偏身になり、敵を間の外に置いて、その執刀手を払い切る勝ち口は、これよりさらに長い脇差でも可能で、むしろその方が有利でしょう。刃長一尺三寸（全長一尺七寸五分）、という新陰流小太刀の定寸は、どうも相架けて敵の手を取る動作を念頭に置き、定められたように思われます。小太刀の勝ち口では、大は小を兼ねる、のではなく、小は大を兼ねる、という考え方がより適切なようです。そこで、刃長一尺三寸が定寸となった。

おそらく連也は、熟慮し、決断したのでしょう。宗冬との試合は、必ず十文字勝ちの一手によって勝つと。そのために最も適した刃長を考え抜き、その長さは、一尺五寸と決まった。試合の実際はどのようなものだったでしょう。柳生厳長氏は、この人でなければ書けない筆致で、その立ち合いの細部を描き出しています。その大略は、次のようなものです。

宗冬は、三尺三寸の枇杷太刀を中段に取っている。その宗冬から四、五間《けん》隔てたところに立った連也は、右偏身で小太刀を下段に提げ、その切っ先は左斜め下に向けている。つまり、右移動軸の線に切っ先を置いた（あるいは、切っ先を左斜め下向きさせたままの真正面向きか）。その位《くら》取《いど》りのまま、連也はスルスルと滞りなく間を詰め、たちまち大山が圧するように宗冬の眼前に迫った。この時、宗冬は、真っ直ぐの中段から左手を放し「思わず知らず」右片手打ちに、連也の左首筋から右肋骨にかけて切り下げてきた。連也は、右偏身から正面向きに変化しつつ小太刀を真っ直ぐ頭上に取り上げ、己の人中路《じんちゅうろ》を帯の位置まで切り通すひと振りによって、宗冬の右親指を打ち砕いた。尾張柳生家の語り伝えには、そのようにあるそうです。

この時に、連也が使用した枇杷の小太刀は、代々の柳生宗家のもとで刀簞笥《かたなだんす》に秘蔵され、現存します。この木刀は、一度しか使用されなかった。柳生厳長氏によれば、試合の際に着いた血痕が、点々と黒い染みのようになって今も残るそうです。私は、この小太刀を江戸東京博物館で開かれた展覧会で、ガラス越しに一度だけ見たことがあります。血痕はよく確認できませんでしたが、濃い飴色に光る、蛤刃《はまぐりば》の見事な一振りでした。

十一　一刀から二刀へ

「獅子奮迅」の太刀

本書の始めのほうで、日本の剣法が、室町期に刀を一貫して両手で持つようになったことは、大きな飛躍の原因になったと書きました。この持ち方によって、刀の振りは、体重の移動と完全に一致して行なわれるようになり、体軸の前進によって相手の姿勢を崩す、という発想も生まれてきた。たとえば、新陰流にある「合《がっ》し込んで勝つ」というような勝ち口は、片手太刀では決して行なえません。片手太刀で多く為されていたのは、切り払って、すぐに間《ま》を放つといった動きでしょう。

ところで、両手で二つの剣を持って闘う剣技は、おそらく世界的にあったのではないかと思われます。剣を右片手に持てば、左手は当然空いている。それを遊ばせておくことはなかろうというわけで、盾を持ったり、短い剣を持ったりする。日本でも、戦国期から二刀を得意とした武士はいたでしょう。二刀の技に秀でていたのは、宮本武蔵ばかりではない。大刀、小刀揃いの拵《こしらえ》が普及してくると、やはり両手で二刀を使う心得は、兵法者としては、誰にもあってしかるべきものだったでしょう。武蔵の二天一流（別の名を圓明流《えんめい》）に独特な点は、常に二刀を用いて稽古する、それを兵法の常の心構えとする、というところにありました。

新陰流にも、流祖の頃から二刀の教えはありました。二刀に対する一刀の勝ち方も、太刀《かた》として正確に伝えられている。一例を挙げてみましょう。上泉伊勢守の直筆である「影目録」（柳生石舟斎宗厳に相伝された巻物）の第一巻「燕飛」の終わりのほうに「獅子奮迅《ししふんじん》」と名づけられた太刀《かた》が、墨の線で大和絵風に描かれた図と共に掲げられている。この太刀《かた》では、敵が二刀、こちらが一刀の場合に、いかに応じるかの原則が示されています。「獅子奮迅」は、新陰流で「天狗抄《てんぐしょう》」と呼ばれる組太刀《くみだち》の五本目に組み入れられている太刀《かた》「二刀」と同じです。この「二刀」の動きを、簡単に説明してみましょう。

まず、敵の構え、位取りは、「虎乱《こらん》」と呼ばれるもので、両刀を体の前、中段の高さで十字に交叉して組みます。大刀を上、小刀を下にして組む。二刀が交叉する位置は、いずれも切っ先から四、五寸のあたりです。両足を左右にやや開き気味にし、左足を前にして立つ。ごくわずかな左偏身です。「虎乱」は、昔から「両刀の極み」と言われ、この位から出る二刀の技は、多彩にして、単純、まことに恐るべきものです。

こちらの構えは、始めは真っ直ぐの下段、「無形の位」に刀を下げ、四、五間《けん》離れた「立合い間合《まあい》」からスルスルと間《ま》を詰めていきます。詰めながら、太刀先を少しずつ上に上げ、一歩の踏み込みで敵に打ちが当たるところまで進む。この時、こちらの切っ先は、虎乱に組んだ敵の両刀を、その交点で一気に打ち落としうるまでに迫っている。交点を打ち砕いて、一気に喉元まで撞き込もうというわけです。この時、敵は両刀の交叉を解いて、二刀を平行にし、青岸上段に振り上げる。同時に、後ろの右足をやや踏み込み、前の左足を後ろに引いて、右偏身に転じながら、二刀の平行打ちでこちらに打ち込んでくる。左の小刀でこちらの太刀中《たちなか》を、右の大刀でこちらの左腕から左拳にかけて、同時、一斉に順勢の太刀筋で切り付けてくるのです。

これにどう応じるか。こちらは、真っ直ぐの中段に執った刀を、上段に振りかぶり、右足から先に自分の右側、相手の左側に四十五度移り、転じながら、敵の左拳を十文字勝ちに打ち落とすのです。すなわち、転身《てんしん》による転勝《まろばしが》ちです。

この場合、なぜ転身するのでしょう。打ちながら、敵の右手にある大刀の切り付けを避けるという意味も、もちろんあるでしょう。けれども、もっと大事なのは、間積りの問題です。敵の左手にある小刀は、こちらの刀の中ほどを打ち払ってくる。つまり、その打ちは、かなり浅い。そのように浅く打ってくる敵の左拳を、十文字勝ちに打ち落とすには、敵の左側への転身は不可欠な移動なのです。こうした術理は、十文字勝ちについての説明のなかで、すでに述べました。

「虎乱」

「獅子奮迅」と呼ばれるこの太刀《かた》は、二刀を使う相手が一定以上の巧者であるなら、こちらの動きは大変むずかしいものになるでしょう。間積り、拍子の読みが完全でなければできる技ではない。敵は、二刀を同時、一斉に順勢の太刀筋で打ち出してくる。左の小刀はこちらの太刀中を打ち抑え、右の大刀はこちらの左腕を切り下げる。小刀で太刀中に接点を取られれば、まずこちらに勝ち目はないと知るべきです。このように、平行打ちで使われる二刀の太刀筋は、まことに恐ろしいと私は感じます。

その太刀筋を転身の十文字勝ちで封じるのが、「獅子奮迅」の太刀《かた》ということになる。しかし、この太刀《かた》は、単に一刀での勝ち方を教えるだけでなく、二刀についての深く、端的な教えをも含んでいるでしょう。すなわち、「獅子奮迅」の太刀をよく学べば、二刀の核心が摑める、という具合になっている。

「虎乱」（宮本武蔵の呼び方では「圓曲《えんぎょく》」）の位が「両刀の極み」とは、まさにその通りで、相手がこの形で正確に進んで来た時の威圧感はかなりのものです。まして、武蔵のような名人なら手も足も出ない、という感覚に陥るでしょう。そこで、仕方なしにこちらから打ち込んでしまう。もちろん、相手はそれを待っています。小刀を持つ敵の左拳に順勢の太刀筋で打ち込めば、敵はそのまま順勢の同時平行打ちで勝ちに来ます。左手の小刀でこちらの太刀中《たちなか》を抑え、右手の大刀で左腕を切る。

あるいは、こちらが、右足前の逆勢の太刀筋で敵の右拳に打ち込んだとします。敵は、左足を踏み込み、今度は右手の大刀でこちらの太刀中を抑え、同時に、左手の小刀でこちらの右手首を切るでしょう。言わば「斬釘《ざんてい》」の切りを、両刀で同時に、当たる拍子で行なうわけです。

「虎乱」から順勢の太刀筋を出す時は、前で交叉した両刀を、そのまま平行に青岸上段に、頭の右横に振り上げる。逆勢の太刀筋を出す時は、同じように両刀を頭の左横に振り上げればいい。右横に振り上げる場合は、大刀は、「虎乱」の位置から切っ先の向きを左から右に変え、小刀のほうはそのまま青岸上段に上がる。両刀が平行に上がった時は、小刀が上、大刀が下になります。「虎乱」の位《くらい》からのこうした平行打ちは、両手で一刀を執り、敵の打ちに「合し込んで勝つ」のと明らかに同じ術理によっています。一刀の場合は、自分の刀の柄を二点で支えることによって、相手の拳にこちらから打ち乗って勝つ。自分の太刀筋を移動軸の動きに一致させ、敵の移動軸を崩して勝つわけです。「虎乱」から出る平行打ちは、両手の刀がそれぞれに作る相手との接点が二カ所になっている。二つの接点が同時に相手を抑えることによって、片手だけで刀を保持することの弱さを完全に補うと言えます。弱さを補うだけではなく、平行して打ち下ろされる両刀の間の空間全体が、襲いかかる壁のようになって相手の切りを打ち塞《ふさ》いでしまいます。この場合も、移動軸の動き、わずかな前進が、両刀の斬り筋に完全に一致していることが、何より大切です。

尾張柳生と武蔵

「虎乱」が「両刀の極み」であるのは、二刀の同時平行打ちを出すのに、この構え（位）が最も適しているから、と言うことができるでしょう。最も無駄なく、隙なく、自在に平行打ちが出せる。そうした言葉は、伝書のどこにも見当たりませんが、二刀の動きをいろいろに稽古、工夫してみて、私はそういう結論に至りました。

二刀を同時平行打ちにして、「当たる拍子」で敵に打ち乗る勝ち口は、新陰流の中核となる術理（すでに述べたように、それは愛洲移香斎の陰流「猿飛《えんぴ》」から抽出されています）にまったく一致している。これは余談になりますが、宮本武蔵もまた、自流の工夫を通じてこの術理に深く通じていたに違いありません。宮本武蔵と尾張の柳生兵庫助厳利《ひょうごのすけとしとし》とは、ほぼ同年輩です。武蔵は尾張に滞在して、藩士に自流を教え、柳生兵庫助とは剣の親交を結んでいたものと思われる。尾張柳生家に遺されている伝書類などからも、それはわかります。両者には、明らかな相互影響があり、そのことは尾張に伝わる「両刀」の技に垣間見られます。

「虎乱」の位から出される別の勝ち口を、二種類ほど簡単に紹介してみましょう。

こちらが虎乱の中段（圓曲）に構えると、敵は真っ向上段、新陰流にいう「雷刀《らいとう》」の位で進み寄り、こちらの二刀の交叉を打ち砕きに来る。こちらは、二刀の交叉をわずかに開いて、その打ちを外し、またもとの交叉に復す。敵は再び雷刀に振りかぶり、こちらの頭へ深く真っ直ぐに打ち込んでくる。今度は、二刀の交叉する所をもって相手の打ちを下から相架け、続いて両刀を平行にし、青岸上段に振り上げて、右手の大刀で相手の左腕、左拳を切り、同時に左手の小刀で相手の刀を払う。あるいは、相架けて後、両刀を平行にして頭の左側に上げ、左足を踏み込んで、左手の小刀で相手の右手を打つ。打つと同時に、右手の大刀は相手の刀を払う。両刀が交叉する点で相架けて、後は順勢に切るか、逆勢に切るかの違いがあるだけです。

これとは別に、次のような動きもある。こちらの両刀の交叉を、敵が雷刀から打ち砕きに来た時、交叉をわずかに開いて、敵の打ちを下に外す。すかさず、左手小刀の鎬《しのぎ》の部分をもって敵の刀の峰《みね》を抑え（この時、こちらの全身が少し下に沈みます）、同時に右手大刀の切っ先で敵の首、顔、眼などを刺す。この動きは、尾張柳生家の補佐役、長岡房成の『刀法録』によると、武蔵の流儀である圓明《えんめい》流の「裏之《うらの》勢法也《せいほうなり》」となっている。武蔵が教えた裏技なのでしょうか。それ以上のことは、私にはわかりません。

「虎乱」の位から出る同時平行打ちは、両手保持による一刀の剣法が、非常な高さにまで昇り詰めた時に、その術理の二刀への応用として生まれてきたように思われます。が、武蔵にしてみれば、これは応用どころではない、剣法が行き着くべき究極の段階と思えたことでしょう。ここに武蔵の特異性がある。その武蔵の流儀よりも、はるか以前からすでにあった上泉伊勢守の「獅子奮迅」の太刀《かた》は、この究極の二刀に十文字勝ちの一手で勝つ法を示している。勝つ側も究極、負ける側も究極の、息苦しいまでの立合いの法が、明瞭に示されていると言ってもいい。この太刀《かた》を、ほんとうに演じられる人は、実は滅多にいません。

時代劇には、「二刀流」の達人とやらがよく出てきて、派手な立ち回りをやっている。また、現代の剣道にも二刀を持った選手が試合に出ていますから、これは別にルール違反でもないらしい。いずれにしても、こうした場合に普通に行なわれている動きからは、二刀の同時平行打ちが消えてしまっています。一番よく使われるのは、小刀で相手の打ちを受け止めておいて、しかるのちに大刀で打つ、という動きです。こうしたやり方は、誰にでも、素人にでも思い付くもので、片手で刀を扱うことが普通であった遠い時代の二刀の用い方に近いでしょう。こういうものと、「虎乱」からの同時平行打ちとの間には、その術理において、顕わす威力において、その心持ちの高さにおいて、無限の隔たりがあるのです。

終章　何を剣の「法」とするのか

　室町時代に、異常な高みに達した日本の剣法が、何を最も大きな特質とするものだったかは、すでにこの本の最初で簡単に書いておきました。むろん、私はそうした剣法のすべてを経験として知っているわけではなく、ただ新陰流兵法の一端を、実に不器用に、愚かな錯誤を繰り返しながら学んできた者に過ぎません。が、それでも、わずかずつ開けてくる大きな眺めというものはあって、その確かさは、私の思案などはるかに超えた「法《のり》」として、現にそこに在るように思えるのです。私が、ここまで書いてみようと努めてきたことは、これです。

　こうした「法」の本質を、しかじかのものと言葉で要約することは、とても難しい。「法」はいつも真に潜在的なもので、口に出せばつまらぬものに変わってしまう。あらゆる術理、あらゆる技は、そこからの極めて具体的な展開としてあります。そして、この展開は、各人が稽古のなかで各様に生き、そこからの展開通路を各様に創り出すしかないでしょう。この過程にこそ、稽古、修行と呼ばれるものがある。この過程は、苦行めいたものとは何ら関係なく、めいめいの喜びに溢れたものであり、また、そういうものでなくては決して実を結ばないものでしょう。

潜在的な「法」から、具体的な動きへの展開、下降、これ以外に上達の経路はありません。下降が上達であるとは、妙な言い方になりますが、どうもそう言うよりほかにない。具体的な動きの退屈な反復練習から、潜在的な「法」に上昇していく路筋は、ありそうでいて、ほんとうはないのです。では、潜在的なその「法」には、一体どのようにして辿り着くのか。口に出すことも、動きの習得によって近づいていくこともできないその「法」に、一体どのようにして達することができるのでしょう。

これは、最も説明しにくい点ですが、次のように考えるしかないと、私は思います。人は、潜在的な「法」に、まず一気に身を置き、その「法」から少しずつ、実に少しずつ、具体的な動きの体系へと降りてゆく。ですから、「法」に達するのは、一種の飛躍によると考えるほかありません。

しかし、このような飛躍が、突然の覚醒のようなものとして、はっきりと起こることはあまりないでしょう。これを飛躍として捉えられるのは、むしろ、そこからの具体的な動きへの展開が、少しずつ実現されていく時だと思います。つまり、潜在的な「法」への飛躍は、あとになって飛躍として振り返られ、捉え直されるのです。

もちろん、人は誰でも初心者として何かを習い始めます。他人がするところを見て、自分もその通りに動いてみようとする。けれども、見えているもののなかの何を真似るのか、何を無視するのか、そういったことは、初めの内はほとんどわかりません。つまり、ただ見えているだけの生《なま》の動きからは、私たちは何も学べないと言っていいでしょう。確かに、私たちは、そういう動きのあちこちを取り出して、それを真似て動きます。それ以外の始め方はない。が、ほんとうの意味の稽古の始まりは、そのずっと先にあります。潜在的な「法」のうちに、一挙に身を置くことのできた瞬間から、まさに稽古と言えるものが始まる。〈流儀〉とは、そうした「法」の総体のことです。

そのような飛躍はいつ起こるのか、飛躍がすでに起こったと誰に断言できるのか、それは大変むずかしい問いかけです。しかし、潜在的な「法」から現実の技を展開させようと努めている人と、生《なま》の動きにとらわれて技を行なっている人との違いは、見れば誰の眼にも歴然としています。単なる慣れから達者に動いているだけの人は、自分がすでに上達したものと錯覚しやすい。こういう人は、不器用に、ぎごちなく、あれこれ試みている人よりも実は上達から遠ざかっているのかもしれません。「法」への飛躍から見放されている、と言ったらいいでしょうか。慎んで、慣れないことは、大切なことです。

*

ここで、私たちは、この本の最初のところに戻って来ることになります。新陰流の剣法がどんな「法」であるかを言うことは、あまりにもむずかしいのですが、それを裏から、否定形で言うことならできる。〈反発原理〉を去る、というのが、その否定形を使ったひとつの言い方です。地面を蹴って前に出ることは、反発原理による動きです。刀を前に振りながら顔を後ろに引くことも、反発原理による。自分の体のなかから反発原理によるすべての動きを洗い流すこと、これは潜在的な「法」に一挙に身を置くことによってしか、ほんとうには成し得ないことでしょう。

さらに、向かってくる敵とのあらゆる関係において、反発原理を去る。これは、いよいよ外面的な動きの模倣を通してでは、できないことです。一人でする動きは、真似だけで何とかごまかすこともできる。相手との関係を、流儀の「法」を通して次々に創り出すことは、真似ようがない。稽古は、この真似ようのないものの会得と実現とを目指して、日々行なわれるのです。

相手との関係において反発原理を去る、そのやり方を、私はいろいろな言葉で説明してきました。それを曲がりなりにも説明するのでなかったら、この本を書く意味はないからです。相手と何らかの接点を取って、その移動軸を崩す、という言い方は、その説明法のひとつでした。この場合、〈崩す〉とは相手を打ち負かしたり、抑えつけたりすることとは違う。相手を自分との一種の融合に導くことです。

すでに述べたように、新陰流には「和卜《かぼく》」と呼ばれる一手がありますが、この言葉には「和《やわ》らげ占《し》める」という意味がある。しかし、和らげ占めて敵を制するのは、「和卜」の場合だけではありません。この言葉は、上泉伊勢守の兵法全体をよく表わすものです。これは、要するに、反発原理を根本から離れ去る動きに当てられる言葉でしょう。「占める」とは、ふわりと移動し、そこに自分のすべてが在るようにすることです。そうすると、相手はおのずからこちら側に崩れてくる。相手に対するこの扱いには、何かとても丁寧なもの、相手を敵として向こう側に打ち倒さない柔らかさがあります。反発原理によるどんな剛剣も、「和卜」の柔らかさには及ばなかった。原理として、思想として及ばなかったのです。

刃物を持って命がけで闘うということは、誰にせよ怖しいことでしょう。異常な興奮状態にあるのでなければ、できることではない。この恐怖心は、必ず反発原理による強引で凶暴な動きを引き起こします。動物同士の争いには、いつもこれがある。とりわけ、肉食動物が獲物を殺して食べる、それを獲り合って奪い去る、というような時に、そうした動物が示す動きはまったくすさまじい。人間は、その争いに道具を以て臨むことを覚え、他の動物ことごとくに勝った。残る敵は、人間自身しかいなくなった。その状況は、今、極限まで進んでいるのではないでしょうか。

＊

他の動物を殺して食べるために、あるいは同類を殺すために、人間が発明した道具は、やはり反発原理による使用法を前提としています。たとえば、大昔から世界中にある槍、刀剣の類を観察してみれば、このことは明らかです。鉄砲の弾は、もちろん薬室のなかで爆発する火薬エネルギーの反動で飛んでいく。

平安時代末期に現われた〈日本刀〉のまったく例外的な美しさは、反発原理による使用法を前提としないところから生まれている。それは、武器というよりは、祭器に近く、しかもこの祭器は、単なる飾りものではない。山砂鉄を鍛造して作られた農具や大工道具の根幹にある技術の理想を深く秘めている。生産生活と信仰とが、まったくひとつになったところに出現した祭器です。しかし、このような〈日本刀〉を、まさにその高さにおいて、武器として使い切る兵法は、室町時代後期までは現われなかった。それは、当然のことと言えるでしょう。このような兵法の成立には、何か異常なものが、強い本能の坂道を、一挙に、逆向きに登るような振る舞い方があるからです。武器で殺し合う時くらい、本能としての反発原理が烈しく働くことはない。この本能は、基本的には肉食獣のものであり、人類においては狩猟生活に求められるものでしょう。

祭器としての〈日本刀〉は、米を作る農耕民の「神器《じんぎ》」にほかなりません。このような刀は、まず根本において生き物を殺す武器ではない。動物同士の闘争を目的にした道具ではあり得なかった。「神器」である〈日本刀〉が、道具の位置に降りてきて、現実化する場合には、まずそれは、さまざまな農具に分岐し、木を削って住居を立てる大工道具などに通じていくでしょう。実際、日本で鍛造されたこうした道具類、打刃物《うちはもの》には、農の暮らしが育てた鉄の信仰的用途とでも言えるものが、ありありと窺える。

したがって、「神器」にほかならない〈日本刀〉を、その在り方のままに使い切る剣法は、その原理において、農の暮らしを守るためのものだったと考えていいでしょう。農の暮らしを守る戦いは、農という生存方法の本質に適うものでなければならない、そのような意志が、〈日本刀〉にも、また日本の剣法にもあった。私は、そんなふうに考えています。日頃は農事にいそしみ、事あれば武器を執って狩猟民と同じ性質の、血なまぐさい戦いをする。そういう不徹底なやり方からは、上泉伊勢守のような人が作為した聖なる〈剣の法〉は、生まれてこなかったでしょう。

肉食動物の争い、狩猟民の闘いとは根底から別の原理を持った剣法、兵法が、農の神器である〈日本刀〉から生まれなくてはならなかった。そこには、本能の坂道を逆向きに登って突き詰められている一種の理想があります。それは、愛情をもって植物を育て、感謝して作物を収穫する農耕民の理想です。農事には、人を植物的な生の循環に繋げて生きさせる徳がある。作物を育てる人の心身を、半ば植物のように生きさせる働きがあるのです。作物のなかでも、とりわけ稲はそうでしょう。稲の生育が、確実に繰り返す一年の循環、それがもたらす作物の栄養価、食としての独立性、飽きることのないその美味、そういったものはかけがえがない。

晩年の柳田國男は、稲の「信仰的用途」ということを繰り返し説きました（たとえば『海上の道』で）。彼によれば、米は近世に至るまでも、「主食」と呼ばれるほどの生産量を持つものでは決してなかった。稲の栽培は、愛情のこもった細心な技術と温暖湿潤な自然環境とを必要とし、簡単ではなかったのです。

にもかかわらず、沖縄諸島から北上し、「日本人」となった人々は、稲という植物が持つ「信信仰的用途」によって農の暮らしを立て、一年の全体を、稲を中心とした「祭」の生活として生きようとした。これが、柳田の説こうとしたところです。沖縄のことはともかく、稲についての同じ考え方は、本居宣長にもあり、幕末に大著『祝詞講義』を書いた鈴木重胤にもあります。

ですから〈日本刀〉の出現が、この国で刀剣に与えられた「信仰的用途」の完成であるということ、このことが何を意味するかは明らかでしょう。米作りによる祭の暮らしと、比類ない鉄器である〈日本刀〉は、その「信仰的用途」において深く結ばれていて、二つは農耕民の同じ信仰心から生まれ続けている。こうした信仰心を、現代の刀工が、今も心中深くに蔵して鍛刀に従事していることを、私は知っています。

米作りの暮らしにも、〈日本刀〉の出現にさえもはるかに遅れ、室町後期に至ってようやく完成した〈剣の法〉は、実にそのような地盤の上に立てられています。したがって、この「法」の目的は、闘争にも殺戮にもなく、稲と日本刀とが共通して持つ「信仰的用途」を完成することにあったのだと、あえて言うこともできる。このような「法《のり》」を謙遜に修めることの穏やかな喜び、深く安らかな自信、現代において、これを希求することが、どうして笑うべき時代錯誤でありましょう。私はそう思い、このような「法《のり》」への跳躍を、今日も黙って試み続けるでしょう。

初出　『ちくま』二〇一〇年十一月号～二〇一二年十月号

前田英樹（まえだ・ひでき）
一九五一年生まれ。立教大学現代心理学部教授。映画、文芸、美術、武術等をテーマに批評的散文の論考著作を多数執筆。著書に『独学の精神』（ちくま新書）、『日本人の信仰心』（筑摩選書）『ベルクソン哲学の遺言』（岩波現代全書）、『民俗と民藝』（講談社選書メチエ）、『沈黙するソシュール』（講談社学術文庫）、『絵画の二十世紀』（ＮＨＫブックス）、『倫理という力』（講談社現代新書）、『剣の思想 増補新版』（甲野善紀氏との共著、青土社）など。

剣《けん》の法《のり》
二〇一四年三月十日　初版第一刷発行

著者　前田《まえだ》英樹《ひでき》
装幀　間村俊一
発行者　熊沢敏之
発行所　株式会社筑摩書房
東京都台東区蔵前二―五―三　〒一一一―八七五五
振替〇〇一六〇―八―四一二三
印刷　三松堂印刷株式会社
製本　矢嶋製本株式会社

ISBN978-4-480-89410-6　C0075

乱丁・落丁本の場合は、左記あてにご送付ください。
送料小社負担でお取り替えいたします。
ご注文・お問い合わせも左記へお願いいたします。
筑摩書房サービスセンター　電話番号〇四八―六五一―〇〇五三
さいたま市北区櫛引町二―六〇四　〒三三一―八五〇七